Cuanta más gente se muere, más ganas de vivir tengo

Maruja Torres

Cuanta más gente se muere,
más ganas de vivir tengo

temas de hoy

La lectura abre horizontes, iguala oportunidades y construye una sociedad mejor.
La propiedad intelectual es clave en la creación de contenidos culturales porque
sostiene el ecosistema de quienes escriben y de nuestras librerías.
Al comprar este libro estarás contribuyendo a mantener dicho ecosistema vivo y
en crecimiento.
En **Grupo Planeta** agradecemos que nos ayudes a apoyar así la autonomía creativa
de autoras y autores para que puedan seguir desempeñando su labor.
Dirígete a CEDRO (Centro Español de Derechos Reprográficos) si necesitas fotocopiar
o escanear algún fragmento de esta obra. Puedes contactar con CEDRO a través de la
web www.conlicencia.com o por teléfono en el 91 702 19 70 / 93 272 04 47.
Queda expresamente prohibida la utilización o reproducción de este libro o de cualquiera
de sus partes con el propósito de entrenar o alimentar sistemas o tecnologías de
inteligencia artificial.

© Maruja Torres, 2024
Corrección de estilo a cargo de Rosa Iglesias Madrigal

© Editorial Planeta, S. A., 2024
    Ediciones Temas de Hoy, un sello editorial de Editorial Planeta, S. A.
    Avda. Diagonal, 662, 664, 08034 Barcelona (España)
    www.temasdehoy.es
    www.planetadelibros.com

Adaptación de la cubierta: Booket / Área Editorial Grupo Planeta
Ilustración de la cubierta: © Carmen Segovia
Primera edición en Colección Booket: septiembre de 2025

Depósito legal: B. 12.692-2025
ISBN: 978-84-10293-88-5
Impreso en España

Biografía

Maruja Torres nació en 1943 y, desde entonces, intentó seguir viva, escribir mucho mucho mucho —y de todo— haciendo periodismo (ganó algún que otro premio) y publicar unos cuantos libros, entre novela y autoficción (también obtuvo el Planeta y el Nadal). Llegó hasta donde pudo haciendo lo que mejor sabía: fijarse mucho. Si queréis saber más, investigad, que así se aprende. Lo que más le costó es encontrarle sentido a todo esto. No lo consiguió, pero por el camino se divirtió bastante y comprendió que hay que reírse hasta el final. Es una tuitera muy activa, entre otras adicciones bien llevadas. Le gusta la conversación, y este libro último, no se sabe si póstumo, consiste en eso: hablar con todos y de todo. Todas, todos y todes, faltaría más. El Barrio Chino, hoy Raval, en donde creció, la hizo muy inclusiva.

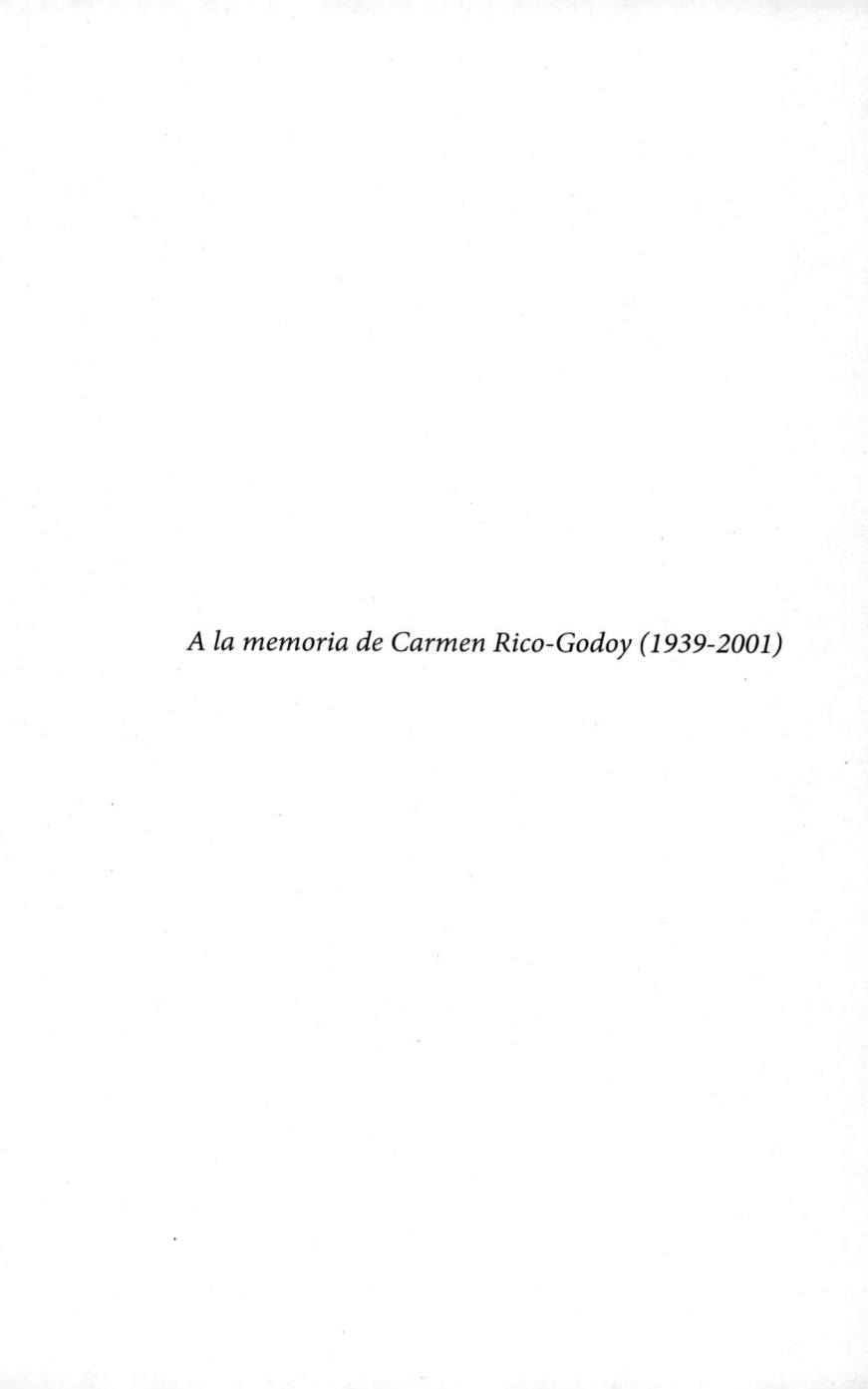

A la memoria de Carmen Rico-Godoy (1939-2001)

¿De verdad tenemos que pasarnos los últimos años evitando el pan?

NORA EPHRON, *No me gusta mi cuello*

ÍNDICE

Segunda parte

PALABRAS A MODO DE FELPUDO EN LAS PUERTAS

Una mañana de un abril reciente, mi amiga desde hace casi cincuenta años, Julia Luzán, y esta que os abre un libro para que curioseéis en él después de pisar la palabra *prólogo,* mi amiga y yo, decía, nos encontrábamos en unos grandes almacenes, contentas porque sus pulmones le habían regalado una tregua y mis piernas, uno de mis ya raros garbeos.

Es increíble a lo que se acostumbra una. Hociquear en la sección de cosméticos como si desayunáramos en Tiffany's, pero con la atención centrada en el rincón de Chanel, en su elegante banqueta a disposición de clientas exhaustas. Deme Chance, dadme un respiro.

Sonó el móvil de Julia. Era una mujer llamada Carmen. Una fecha. Una cita. Una Puerta.

A estas alturas ya solo te citan los médicos. Ninguna posibilidad de que lo hagan Michael Fassbender o

Alicia Vikander (en realidad, nunca lo hicieron, pero siempre he sido una soñadora).

Tengo la tarjeta de Carmen pegada a una de las primeras páginas de los cuadernos en los que, desde entonces, empecé a escribir un desordenado dietario: notas por aquí, flechas por allá, exclamaciones de júbilo, *mecagoendioses* varios. Esas cosas que hacemos cuando escribimos sin saber que, algún día, alguien te propondrá que sigas tomando notas, pero que ahora lo hagas en serio, que ordenes el material, que recuerdes que fuiste una profesional de la escritura (y de la aventura) antes de convertirte en una *amateur* de la jubilación. Y ese alguien te pide hasta que lo publiques. Cosa que te ocurrirá (más aventuras), si es que no te conviertes en póstuma antes de que el propio libro tenga la oportunidad de serlo. Si es que la Puerta sigue en su lugar, muy de vaivén, pero sigue.

Es posible que ni Julia ni yo volvamos a ver a Carmen, pero puedo aseguraros, y acreditárselo a ella si alguna vez alcanza a leer esto, que es una de *esas mujeres importantes* que aparecen de golpe, como la niña de la recta; no para meter miedo como la de la curva, sino para señalar tu ruta.

Nos abrió una Puerta.

* * *

Antes de atacar la escritura de este libro, me preguntaba cuál podría ser el hilo narrativo, la fibra que, aunque precariamente y en zigzag, con idas y venidas en el espacio y el tiempo, uniera los diferentes episodios que lo forman.

Y comprendo que el hilo no puede ser otro que, como diría Gil de Biedma, «el único argumento de la obra». Envejecer, morir (o todavía no), el *cómo* llegarás a ello (la gran incógnita), cerrando y abriendo puertas. Entendiéndolas, a ratos, como algo que te da en las narices y te impide ser quien eres (las goteras, la salud; el dolor social), y en otras ocasiones viendo en ellas ventanas, horizontes, aire limpio que entra y te agita el pelo.

Carmen es una veterana jefa de enfermeras. La mañana en que nos recibió, en su pequeño despacho del madrileño hospital de la Cruz Roja, formuló unas cuantas preguntas esenciales y planteó alguna que otra sugerencia práctica. Nos aconsejó ejercitar la memoria y añadió que resulta muy útil contra la senilidad prematura repasar antiguas fotos y recordar las circunstancias en las que fueron tomadas.

—Me acuerdo de todo —repliqué con soberbia pedantería.

Pensándolo bien: me acuerdo de casi todo. El *casi* es de rigor.

Carmen, además de eficaz, era, es, amorosa. No con el afecto impostado que se dispensa a los viejos y a los niños, parecido a gotas de colonia barata, cuyo aroma se desvanece tan pronto. Detenerse un momento, hacerles monerías. No. El suyo era un genuino respeto hacia ese estado transitorio, accidentado y final que es la vida que nos queda. Carmen recibe con la satisfacción que le produce que hayas podido llegar a este momento, y a su rincón del consuelo, arrastrando tu lúcida solera. Su hermandad se queda en ti, como el perfume bueno. Te individualiza, pero percibes que te aprecia como parte de un colectivo al que conoce bien y trata a diario, aunque cada una (o uno) tenga sus trucos propios para defenderse de los nubarrones o encarar su suave interrogatorio.

En la puerta de su despacho figura un título cuyo indisimulado eufemismo no hace justicia a su trabajo: «Jefe [?] del Servicio de Atención al Paciente». Es hora de deciros que, en realidad, Carmen (no Pepe ni Luis: por tanto, *jefa*) está allí para echar una mano a quienes nos interesamos por firmar el testamento vital. Eso que, tras la aprobación de la muerte digna, pasó a llamarse «instrucciones previas»: otro eufemismo oficial para no mentar lo innombrable.

Francamente, habría preferido un seco y firme «Cómo estirar la pata rápidamente y con el mínimo dolor posible».

Y, ya que estamos, aviso:

Apartad vuestros pies del felpudo, morbosos y llorosas, o *viceverse*, porque este libro no va de la muerte, sino de la celebración de la vida. De la lucha por la vida, que es la esencia de la vida misma, como la siento, aunque sea jodidamente corta incluso cuando más se prolonga. No sin advertiros de que hablo solo de mí, de mi experiencia, determinada por mis circunstancias. No represento a nadie más. En algún instante cederé al impulso de referirme a mi generación; y será absurdo, porque, ¿cómo hablar en nombre de tantas personas distintas? Perdonadme, si podéis. Sé lo que soy y lo que he sido. Es mi cátedra y en ella puedo sentarme tranquilamente y abanicarme.

Va también, este libro, de la conciencia de estar viviendo y de la consciencia del conocimiento de cuanto acontece.

* * *

Cuánta *c* acabo de colocaros en el breve párrafo anterior. Añadiré una *t*. La mayúscula de Tiempo. Va este libro, también, de entregarse al Tiempo y descansar en su incógnita, en vez de pelearlo. Convertir lo que te quede en una vivencia honda, un paisaje complejo donde importe menos la longitud que la profundidad. Este momento en el que escribo, por ejemplo: con un pañito en una de las lentes de las gafas, por avería de ojo y en espera de visita oftalmológica, imaginando cómo será el mundo visto con mayor oscuridad todavía que la que ofrece de por sí.

El Tiempo que nos queda puede ser como esos países que ocupan poco espacio en los mapas y cuya perturbada geografía podría ofrecer decenas de escenarios contrapuestos para series o películas, cada una con su argumento y con su mundo propios. O para decenas de guerras reales, calientes o frías, dependiendo del grado de odio entre sus tribus, que con los años se convertirán en ficciones para los descendientes de quienes las vivieron y que las volverán a empezar con sus propias anotaciones en el guion. Con sus propios aborrecimientos.

El Tiempo al que me refiero, aquel que aprecio y acaricio porque lo noto irse, ofrece valles sombreados, refugios y también abismos angustiosos. Recuerdas cuando lo desdeñabas, buscando tonterías para entretenerte *pasando el tiempo,* cuya mayúscula aún no podías apreciar. Tiene rocas por las que despeñarse: los planes a largo plazo. Y montañas que escalar: el día a día.

Al otro lado de su puerta, la de Carmen, nuestra Puerta de escape. Nos preguntó si deseábamos estar con la familia cuando se produjera el asunto. Pedí una orden de alejamiento, para remarcar un rotundo no a los muy lejanos parientes itinerantes que traten de aparecer a última hora. En cuanto a los amigos, que siento siempre cercanos, un sí redondo. Hubo otra pregunta, mejor dicho, otra respuesta que nos definió, relacionada con una de las palabras con *c* inicial que os he endilgado hace unos párrafos: consciencia.

Vino a decirnos: si despiertas brevemente de un posible estado de inconsciencia, ¿querrías ser informada de tu muerte inminente? Durante ese probablemente breve destello de lucidez, ¿desearíamos *saber*? A mi amiga y a mí casi se nos salió la cabeza de la concha al responder afirmativamente. Porque somos periodistas hasta el astrágalo, ejerzamos o no. Y esa «noticia bomba» (vaciamiento total, *kaputt, adieu,* no somos nadie, paz) no querríamos perdérnosla por nada del mundo. Menuda exclusiva.

Nos dijo también que, en casa, metiéramos el certificado de I. P. en «ese sobre o caja o lo que sea donde guardáis los papeles importantes», que los que queden al cargo van a necesitar para gestionar nuestros asuntos.

Nos despedimos de Carmen con la efusión que habríamos ejercido, de habernos resultado posible, con la comadrona o el médico que nos ayudó a nacer. Una mujer: partera de un mejor final.

Brindamos por ella. Incluso en el Madrid más patriotero y chabacano, mis amigos y yo encontramos o creamos escondrijos. Así que nos tomamos unas cañas para celebrar que nuestra voluntad de muerte digna ya está en el sistema. Arreándoles, de paso, un corte de mangas a los enemigos de la eutanasia, curiosos personajes que, sin sentirse contradictorios, ni malos cristianos, avalan las atroces muertes de ancianos en residencias a las que su perversidad y su codicia han convertido en negocio.

Comentó Julia, con espumita de la cerveza en el labio superior: «¿Has visto que en la sala de espera solo había mujeres?». «Porque somos muy listas», dije. Luego reflexioné: «También puede ocurrir que todas estén viudas». Un veterano colega mío, con quien me agrada recordar anécdotas, suele responderme así cuando le pregunto por la salud de las mujeres de su entorno:

—Van muy bien. Resistiendo. ¿No ves que vosotras vivís más?

Usa un tono dulce y adivino en su fondo un indoloro rencor de género.

Pues de eso, de vivir más (o menos) y mejor (o como se pueda), disfrutando lo máximo y perdiéndonos lo mínimo, va este recuento de *marujismos* entrecortados. Dedicado a todos los sexos y a todas las edades. Por lo que fuimos, por lo que seremos y por lo que podemos llegar a ser. Por lo que dejaremos de ser cuando se extinga la memoria.

No os voy a engañar. A esta edad, lagrimear no significa emocionarse, meter los dos pies en la misma pernera del pantalón no resulta gracioso porque puedes romperte el fémur, cabecear en las meriendas conduce a que te atragantes. Y por las noches no puedes permitirte confundir la taquicardia con aquella hermosa inquietud que fue el deseo.

Dicho lo cual: mientras tanto.

Y otro aviso:

No hace falta que os frotéis los pies en el prólogo. Nuestras suelas, las mierdas que recogemos por el camino, también nos hacen como somos.

Oviedo, julio de 2023

PRIMERA PARTE

1
POR QUÉ ME ACUERDO DE
(CASI) TODO

No soy buena para los números. Sí lo soy para las asociaciones. Por extraño que pueda parecer, esa caracte-
rística (muy útil para escribir columnas, por ejemplo) se
la debo al único profesor, de entre las variadas acade-
mias baratas que frecuenté brevemente en mi infancia,
al que respeté y respetaré siempre. Don Ramón. Me enseñó cálculo mental.

Años más tarde, hablando con la escritora Gemma
Lienas (ya lo he narrado en alguna parte), me contó
que habíamos coincidido en clase, en la academia de la
calle Boquería, durante una de mis breves estancias en
sórdidos locales dedicados a la enseñanza (podríamos
llamarla «privada para pobres») que, a menudo, ni siquiera podíamos pagar. Me descubrió Gemma que don
Ramón era un represaliado político, reducido a ense-
ñar en un siniestro entresuelo, con un patio interior que

parecía carcelario, y a plantar como pudiera alguna semilla que, para alguno de nosotros, alguna de nosotras, pudiera resultar valiosa en el futuro.

Aquellos ejercicios de cálculo mental que don Ramón nos obligaba a hacer (sumas, restas, multiplicaciones, divisiones: a toda leche y sin contar con los dedos) no me enseñaron matemáticas, pero agilizaron mi mente y me pusieron a punto cuando aparecieron en el horizonte los temas que iban a interesarme: cine, literatura, periodismo. Conocimiento, en fin.

Querido don Ramón, estás en mi memoria. Con tu guardapolvo beis (¿o era gris?), el pelo repeinado al agua coronando tu cabeza noble, debiste de ser un guapo chico republicano. Y con aquel silencio sobre cualquier otra cosa que no fuera lo que nos enseñabas. Nunca he vuelto a sacar cuentas tan de corrido como lo hice para ti, pero en lo demás me multiplico en asociaciones con la rapidez que entonces aplaudías. Más deprisa, más deprisa.

* * *

Mientras espero pacientemente el sueño, haciendo solitarios chinos en mi portátil y escuchando música de la que atonta en mi tableta, con el libro electrónico cerca por si me da por leer, recuerdo que no puedo recordar ninguna noche de sueño profundo. No digo que no las haya tenido, pero no dejaron huella. Se me aparecen, en cambio, despertares sobresaltados. Cuando, de pequeña, nos echaban por falta de pago del piso del Barrio Chino donde vivíamos realquilados y mis padres me tendían entre ellos en la estrecha cama de una habitación con un lavabo adosado y una sucia luz de neón verdoso fantaseando en el balconcillo. Tufo a lo que parece que nunca muere: hoy sería un motel barato para puteros y entonces era una de las muchas pensiones, con habitaciones a tanto la hora, calzadas en las calles angostas del Raval.

Aunque, si hubo despertar, es que hubo sueño, ¿no? Juan Carlos Gumucio, otro periodista, que en paz descanse, sacudiéndome («¡Arriba, mujer! ¡Que duermes hasta con bombas!»), y yo quitándome las legañas entre sacos terreros en los bajos del hotel Commodore, en el Beirut que entonces (segunda mitad de los ochenta) llamábamos Oeste. No me dormían las bombas. Me dormía el miedo.

Lo veis, ¿no? Empiezo con mi padre llevándome a cuestas y paso al periodista colombiano que escribía en inglés para medios occidentales, y al amanecer con muertos durante la guerra gorda o muchas guerras inciviles que se sucedieron en aquel primer Líbano mío.

Consecuencia de tanto asociar: como habréis adivinado, padezco de insomnio. Rectifico. Padecía hasta que comprendí que mis noches en blanco me daban la oportunidad de disfrutar de más vida. Porque alguien a quien le gusta leer historias durante el día, ¿qué mejores noches puede pasar que leyendo, por dentro, las narraciones que se producen en su propia cabeza? Mientras elimino las fichas del Mahjong, visualizo mi último dormitorio en Líbano, cerca del hotel Albergo, ya en la primera década de este milenio, y lo bien que solía arrebujarme contemplando la coqueta cubierta por un mantón precioso y el espejo con marco de alpaca en la pared. El placer de deslizarme bajo las sábanas que Ginkie disponía a su modo, a la filipina, doblando la cubierta en forma de sobre. Yo era entonces una carta perdida en un país del mundo desprovisto de la sosería europea. Me dormía apretando en el puño jazmines recién recogidos en la terracita. Cada vez que regresaba a Beirut después de una breve visita a España me dormía con la misma sensación de regreso a la mejor experiencia posible. Cada cual tiene la suya, la mía fue esa. Llegar de madrugada, que un amigo me esperara (casi siempre, Adrián Rodríguez Junco), recorrer en el coche de Michel, nuestro chófer común, la autopista que va del aeropuerto a la ciudad, zurcida con pasos elevados y túneles: nuevas conexiones que nos obligaban a recuperar el antiguo paisaje con los recuerdos porque el urbanismo real, el del dolor y el odio, el de la pobreza, quedaba oculto tras el camuflaje.

Una pasión enfermiza me conduce regularmente a buscar en Google Earth fotos de aquel mi último barrio beirutí hechas por aficionados. Premio. Una torpe panorámica de la terraza del hotel Albergo me muestra borrosa, al fondo, una esquina de las balconadas de lo que fue mi hogar. La añado a las que mi amiga Francesca Caferri, del diario *La Repubblica*, me envía siempre que regresa al que fue nuestro territorio común. No sé si mirar y reconocer imágenes ayuda contra la senilidad, pero desde luego es otra forma de atravesar puertas.

* * *

Todo eso, y hasta Louisville, Kentucky, se planta por las noches en mi pantalla de dentro, y lo mismo me veo comiendo caracoles estuchados en patatitas rojas que bebiendo bourbon con Ismael López-Muñoz, primer *ombdusman* de *El País* y mi querido amigo, en una reunión de los de su gremio. Observándolos, ya entrada la noche, con los pantalones arremangados y jugando a los barquitos en un estanque (barquitos ¡hechos con papel de periódicos!, cuando creíamos que los periódicos iban a ser siempre de papel), comprendí que la de *ombdusman* (y más adelante, también *women*) era una de las especializaciones periodísticas más propicias al desgarro. Corregir a los compañeros y torear a la empresa. Ahí es nada. Esto también lo conté en otra parte, pero por entonces no sabía que los periódicos tal como los conocíamos iban a entrar en fase de extinción, y desconocía que el episodio de los barquitos se iba a convertir en una profecía.

Si tengo suerte y el Trankimazin (legal: en mi receta electrónica) me produce efecto, y me duermo ya en brazos de un pódcast de historia (y consigo no saber cómo acabó Carlomagno: un éxito), puedo ambicionar también un despertar sobresaltado, aunque no como los de Aquellos Tiempos. Ocurre con relativa frecuencia cuando, de pódcast en pódcast, ya la aplicación funcionando por su cuenta, la sabia historia con la que me he dormido ha saltado a una reunión de belicosos contertulios aliados en torno a tácticas guerreras, carros de combate y lo bien que llevó Rommel su campaña en el norte de África. Las variantes con que la humanidad se manifiesta incluso en pódcast nunca dejan de sorprenderme. Ni de madrugada.

Los juegos de asociaciones me siguen resultando útiles ahora que ya *columneo* poco y escribo largo aún menos. Son inevitables en las conversaciones telefónicas entre mayores; quienes estáis en mis años me entenderéis. Sí, qué bien está ella en la serie, esa joven actriz que se apellida como aquel escultor catalán que se parecía a Antonio Gades. ¿Bárbara Corberó? No, esa es Bárbara Lennie, que también es muy buena. ¡Úrsula!, como Ursula Andress, la primera chica Bond. ¿Qué habrá sido de ella? No, no la entrevisté. Yo entrevisté a Bo Derek, la de *10, la mujer perfecta,* que dirigió aquel que dejó viuda a Julie Andrews, ¡Blake Edwards, el de *Victor/Victoria*! Por las diosas, qué caos. ¿Cómo he llegado hasta aquí?

Podría acudir a internet, y lo hago con mucha frecuencia, pero para investigar. No para recordar.

Me gustan las redes, adoro internet y me pirran los cacharros. No hasta el extremo de estar a la última o hacer cola para obtenerlos, sino en la medida en que son instrumentos que me ayudan a aprender. Recuerdo la emoción que me produjo el primer intercambio de correos electrónicos, en tiempo real, con una amiga, ya fallecida, que tenía en Buenos Aires. Algo importantísimo estaba ocurriendo, y era fascinante descubrirlo poco a poco. Las redes, con todas sus pegas, me parecen infinitamente más interesantes que la zarza ardiendo. Otra cosa es que se conviertan en una trampa. A mi edad ya me importa muy poco que lo sepan todo de mí, si me sirven para comunicarme y para ampliar mis conocimientos. Ahí os quedáis, también, con mis secretos.

Me compensa: he recuperado viejas amistades, me mantengo al corriente de lo que ocurre en el mundo, me desahogo y me comunico. Me mantienen vivaz, las redes. Y elijo según mis gustos. Tengo la suerte de alimentarme del buen cine, la buena música y la buena literatura. El soporte por el que accedo me da igual. Como en la vida misma, intento alejarme de los malvados y los gilipollas. Un trabajo para el que me siento bien entrenada.

Las amistades que también aparecen de noche, tal como eran cuando las conocí, y tal como sé que son ahora por los vídeos y fotos que me mandan desde otros continentes, otros hemisferios. Gente y paisajes y experiencias pueblan mi bendito insomnio.

Aunque no es verdad que me acuerde de todo.

—Julia, ¿qué palabra es esa que decimos para decir lo que no queremos decir sin nombrarlo?

Lo pregunto por lo de «instrucciones previas» en vez de «eutanasia».

—¿Eufemismo?

No me acuerdo de todo. De ahí el *casi*. Aunque lo cierto es que la Puerta del insomnio (intermitente, gracias al Tranki) que tan bien me acompaña me ayudó a abrirla mi querido señor Ramón, que me llevó, sin saberlo, del cálculo mental a las asociaciones rápidas.

2
FRASES PROPIAS DE ESTA EDAD

De mis conversaciones telefónicas con Julia:

—¿Vamos mañana al Prado? Tengo entradas para tal o cual exposición —ella.

—Depende —yo—. Si eso, ¿comemos después?

—Ya lo vamos viendo —ella.

Depende. Si eso. Ya lo vamos viendo.

Es la edad, que se instala en nuestro lenguaje y lo modifica. A estas alturas, no dejo de reflexionar acerca de la inapelable contundencia del condicional. Cuando establezco una cita (si es con los médicos, me la establecen: lo podéis suponer) es como si alargara la vida, como tener un objetivo mágico. El condicional como esperanza. Estos días de vacaciones en Asturias, por ejemplo, que cada año pienso que pueden ser las últimas. Sin embargo, el martes por la tarde daremos una vuelta; el miércoles, comida en Salinas, seguida por copas en el bar de los surferos; siempre con el Cantábrico delante. Y ya en Madrid, de vuelta: el 11 de septiembre me chutan otra vez en el ojo derecho, la otra semana también tengo penetración (una instilación prodigiosa) en la vejiga, para mantener en su sitio la inflamación crónica. Periódicamente, analíticas, citologías y un tac. A ver si el quiste en el riñón demasiado pequeño no empieza a dar guerra.

Goteras que derivarán en diluvio. O igual llueve en otra parte de mi anatomía. Qué será, será.

* * *

Anticipo todo ello: las citas, los amigos con quienes me divertiré, y hasta las salas de espera de mis doctores de mantenimiento, las revistas en las mesas bajas, el hilo musical junto a mi oreja y, por supuesto, el personal médico, con el que casi siempre he tenido suerte a lo largo de los años, tal vez para corresponder a mi fe ciega en las batas blancas. Fui una niña asmática y bronquítica que pasaba muchas horas en lo que entonces se llamaba «dispensario». Y estoy agradecida. Me regodeo pensando en la amabilidad de quienes, a fuerza de ayudarme, nunca serán extraños.

Desafío el condicional, adelantando. Amplifico el Tiempo.

Lo contrario es la nada. No prever el futuro es negarse el derecho a habitarlo. Una persona que ya murió, a la que no apreciaba y que, por suerte, no tuvo influencia en mi vida (uno de esos narcisos literarios siempre prestos a la mangancia junto al poder), me dijo, no obstante, algo que me ha servido: «Si vas a tomar un avión y no te ves llegando al aeropuerto de destino, no lo cojas».

No me ha servido para viajar en avión, porque para eso prefiero mi costumbre-amuleto de ver una peli de catástrofes aéreas la noche antes del vuelo. Pero la nube negra que el otro me anunció vino a visitarme durante la semana en que permanecí en un hospital por una mala praxis en una precolonoscopia que derivó en alocada pérdida de sodio y una reacción que tomamos por un jamacuco. Durante esa semana no visualicé nada por adelantado. Ni el sol en la calle a mi salida, ni la comida apetitosa que me esperaba en casa, ni la, quizá, absolución de mi colon, que felizmente se produjo. Negrura total. Solo pensaba en las funciones físicas del momento. No había otro horizonte, salvo el temor a las noches huecas.

También pensaba en los amigos muertos y en los amigos vivos, pero no sentía el vínculo. Todo me llegaba como si fuera una flor seca encerrada en una urna de cristal.

Aquella semana temí que se cumpliera lo que me había dicho el narciso literario de aficiones mangantes. Tanta oscuridad tal vez era el fin.

Se cerraba la Puerta, quizá. Y en aquellos días aún no había descubierto a la jefa Carmen y no disponía de Instrucciones Previas.

Por suerte, una enfermera del turno de día acabó con mis zarandajas. Sacudiendo el termómetro, sentenció:

—Si tiene arreglo, lo arreglaremos. Y si no, no hay nada que hacer.

Ya, si eso.

¿Acabaré este libro? ¿Lo veré publicado? Depende.

* * *

Frases sincopadas de longevas animosas. Lo encuentro moderno. Otra cosa es que me noto, ortográficamente hablando, con tendencia al pleistoceno. Como ejemplo, diré que me cuesta mucho desprenderme del acento de *solo*. Casi tanto como llamarlo, en vez de acento, tilde. Me estoy quitando. De verdad. Cada día me fuerzo a escribir en mi cuaderno una frase larga que contenga varios solos de solo, como si tocara el violín con la palabra y le sacudiera el acento, perdón, la tilde, con un buen golpe de arco cuando aparece. Sigo utilizando los punto y coma (;) y los () incluso para explicar qué es un punto y coma. Verdaderamente lamentable, antiguos de narices, los paréntesis. Quizá me redima de ellos el odio que tengo a los puntos suspensivos (...), que solo uso cuando estoy solo después de haber cambiado mentalmente de sexo y de comprobar cuán solo puede sentirse quien solo se alimenta de lecturas rápidas que solo aportan sustos sin proporcionar datos.

Porque, y es culpa mía (lo sé, encadeno temas: no tengo remedio), no me acostumbro al *flecodismo* (me invento palabros, por eso está en cursiva o itálica, otra antigualla que me complace), ya sabéis, eso que cuelga, a modo de noticia faldera, del más almidonado cuerpo principal de la web de un medio informativo serio (de los otros, ya ni os cuento). Es la parte que peor llevo de mis lecturas de la mañana, porque soy un animal de costumbres: la de pinchar por curiosidad a sabiendas de que me ofrecen bagatelas y la de querer saber quién protagoniza la historia; cuál es la historia y su contexto; seguir su desarrollo y encontrar que, al final, algo ocurrió en la realidad, más allá de un juego de cristales rotos en las redes. También me pirra ferozmente leer la edad del sujeto entre paréntesis, al principio de la noticia. Por ejemplo, «Jennifer Aniston (54)», y lo que sea que haya hecho o le haya ocurrido a la buena mujer. Y no un simple o simplón: «Qué bien luce Jennifer Aniston a sus 54 años y cuál es su secreto para permanecer joven». Acabo de percatarme de que también soy drogodependiente de las comillas.

Lo olvidaba. Tengo que intentar que alguien no mayor de catorce años se quede conmigo el rato suficiente para explicarme qué hay de repulsivo en un WhatsApp, o en un lo que sea lo que antaño fue un tuit, si lo remato con un punto final. En alguna parte he leído que hay seres a quienes les ofende. He intentado ver un vídeo sobre la brecha generacional en el lenguaje de las redes, pero a los dos minutos ya estaba harta, justo en el momento berenjena con melocotón.

Manías de mayor, ya veis. Mejorarán conforme avance erráticamente por, con y para el libro y alguien me ayude a aprender castellano contemporáneo.

Si eso.

3
TÚ, ¿QUIÉN ERES?

No lo sé muy bien. Cuando me miro al espejo, me aburre contar las calcomanías a las que se superpone la imagen que me devuelve el... ¿cómo es esa palabra tan cursi que de niña me gustaba encontrar en los libros? ¿Azogue?

Pues sí, el azogue al que interrogaban las madrastras y las princesas, mucho antes de que el ogro Shrek pusiera las cosas en su sitio, concretamente en el WC. Puedo permitirme la tontería de escribir azogue, ya que, al estar vieja (no antigua: en todo caso, clásica), vuelvo a ser un poco niña. Me río casi siempre y de casi todo, y eso me incluye; canturreo en interiores sin importarme y me temo que también en exteriores; duermo con peluches; necesito ayuda para entrar y salir de los autos; y me gustan las compensaciones orales bien vistas socialmente, tales como comer, beber y charlar con las amistades. Azogue, azogue, azogue.

El espejo me remite a un mazacote de calcomanías que podría ir recuperando una a una con la memoria, si no fuera porque despegar cromos me parece una pérdida de tiempo y una amenaza para las uñas débiles. Me cuesta mucho, por ejemplo, desincrustar a Feijóo de Casado y a Casado de Rajoy y a Rajoy de Aznar y a Aznar de Fraga Iribarne y a Fraga Iribarne de Franco. Forman un bolo que, solo mirándolo, te atragantas.

Cuando empecé en periodismo seguía Franco y ya estaba Fraga. Cuando se murió Franco, seguía Fraga. Cuando entré en *El País,* triscaba Fraga. Trabajando para *Cambio16,* incluso seguí a Fraga y evité con cierta fortuna que me estrechara la mano en una de sus compulsivas giras electorales. Aún hoy no estoy segura de que no siga lo peor de Fraga en sus sucesores sucesivos. No tengo idea, tampoco, de cuánto peor sería Fraga en este presente de jaurías sin complejos. Seguir puede ser un verbo tranquilizador, pero en muchas ocasiones resulta amenazante. El concepto *seguir*, en malo, sería añorar un tiempo mejor que nunca existió. En bueno, seguimos aquí. En jarras, *cagontó*.

Una cosa sí sé. La derecha española se me atraganta en bloque. No los conservadores. La derecha emanada del franquismo y del falangismo y el nacional-catolicismo y colgada en los tiempos recientes de las ubres del *trumpismo*. Y eso que llaman *liberalismo*, palabra que usada por ellos y ellas son una *falsedumbre*. No pienso dedicarle ni una línea más. O sí. Veremos.

* * *

«Nosotras somos mujeres que pensamos a ráfagas». Me lo recordó mi amiga chilena Marcia Scantlebury, que saldrá más adelante (en otra ráfaga), que eso le dije en uno de nuestros encuentros.

Leéis mis ráfagas, pero también mis convicciones: lo que viví, lo viví. Y no me van a distraer los fantasmas del ayer, sus fantochadas dañinas, del proceso que estoy viviendo ahora. Mi elegante entrada (más bien salida, *exit*) cuesta abajo.

* * *

Imaginemos que vuelvo a Carmen y a sus recomendaciones para ejercitar la mente, y que por un momento renuncio a mi práctica rutinaria, y muy adecuada para el cacumen, de hacer solitarios chinos y repasar mi abundante bisutería, recordando en qué momento y lugar adquirí esto y lo otro y quién me regaló aquello y lo de más allá. En qué ciudad, país y circunstancia. Amigos, ciudades, bazares. Regresarán más adelante.

Pongamos que me concentro en lo que aparece en una fotografía que saco de un álbum almacenado en mi ordenador. Una entre miles que conservo, repartidas en decenas de formatos. Escaneadas, reproduciendo aquel papel ya amarillento, con ribetes de puntillitas en los retratos que nos hacían en modestos estudios fotográficos, allá por los años cincuenta del siglo veinte; o archivadas en los muchos soportes que nos ha proporcionado la tecnología hasta llegar, por el momento, a la nube.

La imagen elegida. Chica oscura de 19 años, con un vestido blanco de piqué ceñido y sin mangas, con sobrefalda más corta (la moda de 1962, en versión escaso sueldo de oficinista), con un moño cardado alto, imitando a Claudia Cardinale, cuya aparición en *La chica con la maleta* hacía estragos aquel año entre la juventud. Y yo también era morena, qué coño.

Sentada a una mesa que asimismo lleva sobrefalda, con copas de champán (aún no lo llamábamos cava) de aquellas de embocadura ancha, y platos en los que se adivinan los restos fangosos del postre de lujo de la época, el *pijama*. A mi alrededor, personas mayores, familiares y allegados. Me contemplan con cierta ansiedad, porque me han arrastrado a la boda de un pariente y esperan que, siguiendo la tradición de la época (qué mejor que una boda, con los mayores vigilando los bailongos), esa tarde conozca a un buen chico, serio y trabajador, que no se emborrache más de la cuenta ni se deje la semanada (arcaica forma de cobro, a estas alturas del autónomo instantáneo) en el bar. Y *colocarme*, que eso es lo que quieren, colocársela a un desconocido, porque la nena es dentona y algo rotunda (la novia era rubia, etérea y blanquecina, y el novio, que cumplía las expectativas familiares, tenía un pasar) y, uf, menudo carácter, enseguida se pone de morros. Eso sí, arreglada y muda da el pego.

De tal día recuerdo que destacaba entre los contrayentes esa euforia que nunca sabes si es amor o ganas de follar, o el deseo de escapar del hogar familiar, o la alegría por estrenar un vestido y reinar en una fiesta, o el alcohol. Quizá todo a la vez. Muchas décadas después volví a ver al pariente, con otra pareja. Parecía feliz. Así que, al fin, había cumplido con unas expectativas. Las suyas.

Cuanto acabo de relatar desaparece. Mi maldita memoria me transporta al caos que siguió. Sobresalto, lágrimas de ansiedad que estallaron en aquel salón de bodas y festejos esa misma noche, arrollando los bailes, paralizando los besos. Se estaba produciendo una catástrofe hidrográfica, la más importante ocurrida en España.

* * *

Las inundaciones del Vallés de septiembre de 1962 arrasaron (ese verbo que ahora rezuma inútilmente hasta en la información sobre macroconciertos), sí, arrasaron la industria de la comarca, sus fábricas, sus vidas. Alrededor de un millar de víctimas. Un sinfín de pérdidas.

De la foto de bodas lo que más recuerdo es eso, lo que no sale. El duelo que siguió, jornadas de desasosiego, las palabras grandilocuentes del franquismo («España se vuelca, etcétera») y, más que nada, las imágenes del dolor en aquellos periódicos pegajosos de tinta fúnebre, mujeres con mantilla, bocas abiertas, manos entrelazadas con rosarios, rezos inútiles. Los curas, sacando tajada. Las procesiones. La munificencia, tararí, del Generosísimo.

No recuerdo, deliberadamente, si Franco nos visitó para mostrar su magnanimidad con el laborioso pueblo catalán (ese formado por cualquiera que vive y trabaja en Cataluña, aunque luego ve tú a saber, y, posiblemente, ya sabes). No quiero recontar las veces que Franco desfiló por Barcelona, entre vítores, ni aquellas en las que mi madre me llevaba de la mano entre una multitud que me asfixiaba, y tampoco deseo recordar cómo me perdí en la explanada de la catedral durante una concurrida celebración del Día de la Palma. Ni una primera comunión angustiosa, entre hordas de fieles reunidos en la plaza de Cataluña de Barcelona durante el Congreso Eucarístico Internacional con que el maléfico Pío XII premió a la España de la represión fascio-católica, la de 1952, rescatada por Franco (que seguramente también asistió a la fiesta) de, oh, el comunismo.

Lo que hicieron conmigo, y con muchos y muchas otros y otras, cuando éramos pequeños e indefensos, no dejó en mí huella. Salvo la mala leche. Como no tuve educación religiosa (excepto la medioambiental, que no era manca) y solo asistí a dos cursos con unas monjas que olían a repollo, no sufrí otro acoso sexual que el del confesionario («¿Te has tocado esta semana?», «Cuántas veces», y los jadeos que acompañaban el interrogatorio, más allá de la rejilla). ¡Odié tanto aquel colegio! Aunque, mirando atrás, plantaron, como don Ramón, una buena semilla: la de mi frío ateísmo, puesto a prueba en todas las ocasiones en que he corrido peligro.

* * *

Pero recuerdo lo que no está en la foto: la catástrofe. Catástrofe natural lo llamamos entonces, pero ya no lo era. Visto desde hoy, aquel horror de destrucción y muerte formaba parte del expolio climático que ahora sabemos provocado por la intervención de nuestros diversos períodos de voracidad humana. Ríos forzados a desviar sus cauces, rieras sobre cuyas arenas movedizas se construyeron endebles viviendas para los inmigrantes, venidos de tierras de pobreza para contribuir al desarrollo del noreste. Y el agua, con su fuerza bruta, cargada de razones, recuperando sus cauces. Ignorábamos entonces adónde nos conducía el desordenado y rapaz desarrollo tal como lo entendíamos en aquel tiempo, y continuamos entendiéndolo.

Mientras escribo, ahora, arden Tenerife y la Columbia Británica en Canadá, ha sido fulminada por las llamas una localidad turística en Hawái, calcinadas han quedado partes de Rodas y Corfú, y de Sicilia, y Grecia sigue ardiendo. Qué os voy a contar que no sepáis, porque todos sabemos, es imposible negar la sensación predominante de que estamos llegando tarde para detener nuestra desaparición del planeta. El planeta se recuperará, de una manera u otra, y se nos sacudirá limpiamente, como hago con las tildes de la palabra solo. Mucha serie distópica, mucho *Black Mirror,* el azogue turbio de tanta necesidad de experiencias fuertes, de confundir el consumir con el respirar y el acumular con el reflexionar. Turistas evacuados de un desastre ecológico que parlotean sobre su odisea ante el enjambre comunicador. Empiezan a convertirse en una moda, como los buscadores de riesgos que creen tener siempre razón y que la culpa es del Gobierno. Mucho parloteo, acompañando imágenes que deberían sernos mostradas en silencio. O con una marcha fúnebre como fondo.

Me gustan las personas de una en una, y hasta de cuatro en cuatro, pero la humanidad en bloque me da, y en ella me doy yo, asco.

Basta de sermones.

Aquella noche en la boda dejamos de bailar. Eso quiero creer. ¿O seguimos como si nada? ¿Todos felices y yo con cara de tedio frontal? No me salió novio, ni lo busqué. En adelante aproveché el vestido, que no me quedaba mal, para montarme la fiesta por mi cuenta.

Faltaba poco más de un año para que mi único amor, el periodismo, me sacara a la pista.

4
POR QUÉ ESCRIBO

«Yo escribía porque me pasaban cosas, y buscaba que me pasaran cosas para escribirlas. Y ahora ya no me pasa nada». Se lo dije así ayer, en el hotel donde se alberga en Madrid, a mi amiga chilena Marcia Scantlebury, a quien me he referido hace un rato.

Periodista, escritora, repetidamente torturada durante meses por la dictadura de Pinochet. Ya en democracia recibió el encargo de la presidenta Michelle Bachelet de organizar la creación del Museo de la Memoria. Ahora que se cumple medio centenario del golpe militar contra el Gobierno legítimo de Salvador Allende, está recorriendo el mundo, en concepto de presidenta del Museo, para compartir la celebración de la memoria con personalidades internacionales.

Marcia se ha dado el gustazo, al final de estos años, de plantar árboles nativos en los centros de tortura de

Tres y Cuatro Álamos, donde estuvo presa, y de recordar, al hacerlo, Villa Grimaldi, donde ella misma fue torturada interminablemente. Fue en 1987, cuando la conocí, y nuestra amistad nació, en aquellos días de octubre, cuando me lo contó todo, y también me dijo que nunca permitiría que la muerte venciera a la vida. Salió adelante, luchó para no perder ni la conciencia ni la alegría.

«Nosotros no hemos logrado un museo así», le digo hoy, saltando de un tema a otro. «Ustedes tienen las cunetas», responde ella. Nos quedamos un rato calladas, luego nos miramos y acordamos: «Qué suerte tuvimos, haber vivido tantas cosas, haber conocido tanto para comprender lo más posible». Me muestra fotos de sus hijos, de sus nietos. Me pasa en el móvil para que hable con su marido, Rodrigo, que está en Chile. «¡Giuseppe Verdi!», le grito, y enseguida me reconoce. Solo yo lo llamo así.

Se parece al compositor: esbelto, de hermosa cabeza, barba y pelo blancos. Al otro extremo del mundo está la casa de esta gente a la que adoro, enfrente del Pacífico, en Bahía Azul. «Es una costa más parecida a las europeas», me dice Marcia cuando le confieso que, de su litoral, solo conozco Valparaíso e Isla Negra, a donde fui hace siglos a ver las casas de Pablo Neruda. «Vente», me alienta. «Compraría solo un billete de ida», le sonrío. «Me parece un lugar precioso para morir».

Somos mayores las dos, aunque le saco dos años. Nuestros recuerdos se enredan. Me habla de Almudena Grandes, a quien entrevistó en España y quien, al enterarse de que su siguiente interlocutora iba a ser Corín Tellado, le advirtió: «Eres su tipo, te tirará los tejos». Se echa a reír por el recuerdo entrañable: «Acertó. Corín me mandó un mensaje como para ligar, ¿te ubicas?».

Luego rememora que, a finales de 2003, Rodrigo y ella pasaron unos días en Barcelona, en mi casa. «No lo recuerdo». En blanco. «No me extraña. Estabas hundida, se habían muerto en pocos meses dos de esas personas que de verdad resultan necesarias». Habla de Terenci Moix (ella le llama Térence: a mi amigo le habría encantado) y de Vázquez Montalbán. Rememoramos también nuestro posterior encuentro en Roma, con motivo de una charla que di en el Instituto Cervantes. Me quedé unos días más, en su fascinante apartamento alquilado al sacristán de la basílica de Santa Maria in Trastevere y situado en el edificio contiguo. «¡Cómo te gustaba!», me dice. «Eso, en cambio, lo recuerdo muy bien», contesto. «Tanto me lo envidiabas que me lo robaste en una novela». Es verdad, al final de *Mientras vivimos*, la joven protagonista es abordada en un bar de la plaza, delante de la basílica, por una bella y elegante mujer (como Marcia), que se ofrece a alquilarle su piso. «Pérfida, te vengaste», me dice.

Escribir ayuda a no perder. Eso, desde luego.

La alegría de estar con ella (volver a escuchar ese «¿Te ubicas?», tan *chilensis,* tan suyo, con que salpica la conversación), aprovechando esta gira que la tiene enérgicamente agotada, aunque desborda vitalidad, no se ve empañada por la melancolía soterrada que siempre siento al encontrarme con alguien que vive muy lejos, siendo yo tan mayor. ¿Volveremos a vernos? ¿Será esta la última vez? Ya sabéis, el único argumento de la obra.

* * *

Amaba que me ocurrieran cosas, le repito, buscaba cosas que pasaran a mi alrededor: así era para mí escribir. Y en la vejez no me sucede nada. Nada excepto la retahíla de aconteceres cotidianos. ¿Me parece poco? Ah, quién pudiera agarrar una maleta pequeña y partir, buscar, escribir. No con estos huesos. Goteras.

Esta mañana me desperté a las 6, hice cuatro ejercicios, desayuné, fui al baño (Juan Luis Galiardo siempre lo recomendaba, y muchas veces lo recordamos los de la farándula cuando hablamos de él: «Es muy importante hacer caquita todos los días», decía), y, sin entretenerme, salí a parar un taxi para renovar no sé qué certificado del DNI. Todos los que pasaban, ocupados. Debí preverlo y reservar uno, no estoy acostumbrada a salir a semejantes horas. Treinta minutos de espera, regreso a mi piso. Por el camino, dos personas sin hogar se pelean a gritos. «¡Me quieres robar, que te conozco!», vocea la mujer que empuja un viejo carro de la compra con sus pertenencias. El hombre, a un par de metros, nos habla a los demás: «¡Está loca! ¡Está loca del coño!». Llegué a casa, me metí en internet, busqué Anular Cita, luego fui a Seguir con Gestiones, y acabé en Pedir Cita otra vez. Luego me enteré de que para dicha renovación no necesitaba cita. Enredos inútiles, pero entretenidos.

Y esto es lo que me ha sucedido hoy, y solo son las 11:30.

Otra cosa que me impulsaba a escribir era que creyeran en mí, que me necesitaran. No con halagos, sino con pericia y precisión. Sal, haz esto, haz lo otro. Saber que alguien quiere que sean tus ojos los que miren, tu escritura la que narre. Me gustaba también temblar por dentro en espera de aprobación: algo que, al menos entonces (cuando no existían los *likes*), solo podíamos intuir que había ocurrido si no nos había caído una bronca. No cabían piropos por algo que habías hecho bien. Recibías regañinas o improperios si lo hacías mal. No me quejo. Así es como debería ser, para no criar periodistas blandengues.

Ahora, sin dejar de existir buen reporterismo (lo hay, lo hay, más que buenas empresas; pero los periodistas, aunque mal pagados, se las arreglan para estar a pie de noticia), todo el que vaya armado con un teléfono móvil se convierte en depositario de un *scoop* que necesita difundir. Bien para alabar un postre en el restaurante recién descubierto, bien para (bendito sea) denunciar el manoseo de un abusón a una empleada. El caso es que yo soy la primera en participar de semejante orgía de imágenes públicas. Y me gusta.

Me gusta que, cuando se producen atrocidades en terrenos rigurosamente controlados por la mala gente, la buena gente pueda grabar en sus celulares cuanto sucede. El periodista está para contrastar, certificar, informar. Pero los lectores somos responsables de decidir qué leemos, a quién leemos, cómo comparamos, quiénes no son fiables, aunque nos den la razón.

Escribir es informar, y hacerlo muchas veces con urgencia y entre inconvenientes. Es también otra historia: la oportunidad, precisamente, de contar historias. Me di cuenta de eso poco a poco. Durante los años en que desarrollé lo que luego comprendí que fue mi aprendizaje (que nunca termina, por otra parte), lo único que hacía era trabajar, pasar de un medio a otro, aprovechar las oportunidades para salir adelante o prosperar. Igual que hacen quienes empiezan ahora en la profesión o aquellos que, en una edad de espléndida madurez productiva, tienen que reciclarse por culpa de las crisis económicas, los cambios de paradigma o las malas gestiones empresariales; o del paquete completo.

Lentamente, decía, mientras practicaba el oficio, en la calle (donde mejor se aprende), sin tanto aparato auxiliador (lápiz y papel, ¿os lo imagináis?, y a veces bastaba con la servilleta de un bar), se iba formando en mí las ganas de narrar. De ser cronista.

Por entonces no sabía ni qué era eso, salvo que las buenas crónicas de los periódicos a mi alcance las devoraba una y otra vez. Es contar lo que ves, nada nuevo bajo el sol. Buscar entre lo mucho que ves aquello que merece ser contado. Tener un punto de vista (con ese don creo que se nace y, con la práctica, una lo pule), dar forma a una historia. La que sea.

* * *

Os he dicho que ahora ya no me pasa nada, pero cuántas veces, desde el balcón de mi (por el momento) último domicilio conocido, he observado fragmentos de historias sueltas en la calle, cosmologías que levantaban la pata en la acera de enfrente y dejaban en la farola un chorro de soledad, preocupación y paciencia. Y bajo la ducha, con mucho cuidado para no caerme y romperme el fémur, dentro de mi cabeza, he escrito esa crónica.

De las muchas crónicas que he producido a lo largo de mi vida profesional, sí os puedo asegurar que no recuerdo lo escrito, sino los hechos. Ocurre que, periódicamente, alguien que me siguió cuelga algo mío en lo que ahora es X (ex-Twitter), y veremos en qué se habrá convertido cuando termine este libro (porque la Puerta se abre o se cierra para todos: personas, tecnologías) y, cuando me leo, me sorprende haber sido capaz de hacerlo.

Días atrás, una colega de la Cadena SER me pidió una frase para elaborar una información relacionada con la Conferencia de Paz de 1991, en relación con Israel y Palestina (desembocó en los Acuerdos de Oslo, en 1993, que en pocos años se volvieron inanes). ¡No recordaba haber escrito, durante esos pocos días, crónicas de color! De repente me vino el fogonazo de una reunión en la cumbre en *El Pais* (por entonces, la cabecera iba sin acento), con dirección, sección de Internacional y una loca suelta como yo. Y me acuerdo perfectamente de una propuesta final de la cúpula para que Juan Carlo Gumucio, que entonces estaba en Jerusalén como corresponsal del periódico, y era un experto en la zona, se desplazara al Pabellón de Cristal de la Casa de Campo para hacerse cargo de la logística (colocar las mesas, pedir líneas telefónicas, etcétera), mientras que a Soledad Gallego-Díaz le encargaban ir al aeropuerto para informar sobre todos los próceres que iban llegando, mayoritariamente de Israel y de los países árabes. Por suerte, la propia Soledad dijo que semejante decisión le parecía un disparate, que era Gumucio quien los conocía a todos, y salimos de aquella salita con un triunfo del sentido común.

De aquellas crónicas que ya no recordaba me gustaría recuperar un párrafo que, aunque sea en un tono irónico, reproduce la sinrazón que siempre vemos estallar en el conflicto israelí-palestino. Ahí va:

> Zalman Shoval, embajador de Israel en Washington, miembro de la delegación de su país en la Conferencia de Paz, pensó que había llegado su hora. Estaba sentado en la explanada de la Almudena, esperando ser entrevistado por la CNN, cuando aquel hombre salió de la caravana contigua empuñando una enorme arma blanca. A su vez, el técnico de la cadena televisiva, que acababa de trinchar unos cuantos pollos para el almuerzo, con el cuchillo que le había prestado un compañero de la NBC, y se disponía a devolverlo, creyó que los agentes del Mosad que se abalanzaron sobre él iban a despedazarle.

Así empezaba una de mis crónicas sobre hechos menores pero contrastados. Y he experimentado un doble orgullo: por haber estado allí para narrar las menudencias significativas, y por haber sentido, desde el principio, el escepticismo natural de quienes conocíamos Oriente Medio, frente al papanatismo de quienes solo veían, en la llamada Conferencia de Paz, que «Madrid se ponía en el centro del mundo».

Toma, mundo. Estás hecho un asco.

* * *

El libro que estáis pisando ahora, además de ser, en cierto modo, la caja que la enfermera Carmen me aconsejó que llenara para mis supervivientes (aunque no esperéis que os deje aquí mis contraseñas), es también un manojo de crónicas que voy pergeñando sobre mí misma. Y no creáis que no me cuesta. De entre quienes escribimos pertenezco al grupo de los que necesitan acción, aunque sea la que me ofrece Christopher, el conserje dublinés de mi bloque, al avisarme de que los bomberos van a sacar a un muchacho muerto, al parecer de una sobredosis, del último piso de la casa de al lado; por el balcón, porque la escalera no está en condiciones para bajarlo en camilla. Esa crónica la escribo, por dentro, mientras cocino lentejas con chipirones, guindilla y laurel.

Cuando era joven, y más tarde, en mis años más fecundos, el planeta era un melón grande y pesado que podía acuchillar por cualquier parte para que sangrara una historia digna de contarse. Ahora soy una pasa arrugadita que se conforma con mirar alrededor y seguir atenta a lo que ocurre para procesarlo e incluso darle coherencia narrativa. Conservo, eso sí, el respeto por mi firma y por lo que escribo. Eso, siempre.

Y el mundo sigue sangrando, real o metafóricamente, crónicas dignas de ser leídas.

5
DESCUARTIZANDO RECUERDOS (ASTURIAS-BANGKOK-ASTURIAS)

Sigue un capítulo (o episodio: rebosa ráfagas) en el que intento demostrar que el Tiempo, en los años finales, posee amplias espaldas y ofrece profundos bolsillos en los que hurgar para aprovecharlo bien. Ir y venir de un año a otro, de un país a otro, con la misma gente acompañando el viaje.

Empiezo.

Agosto de 2023. Oviedo. He quedado en mi hotel con Mónica G. Prieto y su compañero de vida y de periodismo, Javier Espinosa. Llevo una mochila con una muda, el cepillo de dientes y los medicamentos, porque voy a dormir en su casa cercana a Gijón. Junto con sus hijos Yeray y Nur (adolescentes ya, o pre: hoy en día crecen tan deprisa), disfrutaremos de nuestra compañía. Y luego los tres mayores, a solas, iremos sacando lo que guardamos en las respectivas mochilas vitales, para compartir como si repartiéramos pan. Hace un par de años que no nos reunimos. ¡Tanto que comentar! Y eso que aún no ha ocurrido la salvaje masacre de Hamás ni se ha producido la consiguiente venganza colonial del Israel de Netanyahu. Los tres hemos trabajado en la zona, en diferentes épocas. Yeray nació en Jerusalén; Nur, en Beirut, que fue donde Mónica y yo nos conocimos; a Javier le tengo ley desde 1994, cuando lo avisté por primera vez, en Puerto Príncipe.

Todavía sin la tragedia palestina de nuevo bajo los focos (la tragedia ha existido desde 1947, aunque solo esporádicamente recibe atención), este verano nos toca hablar de Ucrania, a donde ambos han viajado mucho para informar y desde donde han escrito con el rigor de siempre, como hicieron en sus reportajes y en sendos libros sobre las invasiones de Irak y Siria.

Cuando nos reunimos, nos gusta analizar desde el punto de vista político los diversos escenarios en conflicto. Qué mierda de mundo, solemos concluir. Estar juntos, sin embargo, nos da fuerza. Y nos reímos, pese a todo. Con amarga ironía, muchas veces contemplando el lado grotesco de las guerras y, en particular, de los seres endiosados que las provocan. A medida que hemos ido de un sitio a otro, cada uno por su cuenta y a su debido tiempo ha ido perdiendo su fe en la humanidad. Nunca nos falta, sin embargo, la firme convicción de que todo sería peor si nadie lo contara con objetividad y decencia.

Ese día de agosto nos pasa otra cosa, del todo inesperada. De repente, irrumpe en la conversación un *déjà vu*. Ese día nos enteramos de que han detenido a Daniel Sancho. «¡Otro descuartizador español en Tailandia!», gritamos, prácticamente al unísono.

Me vuelven los recuerdos como un soplo del aire tailandés, sofocante y húmedo.

* * *

Mediodía, febrero de 2016. Avanzo por la atestada acera más comercial (en la de enfrente hay una voluminosa comisaría que siempre evito cuidadosamente: en Bangkok dan tanto miedo los policías como los delincuentes) de la Transversal 55 de Sucunvit, la arteria más importante de ThongLo, un barrio bastante fino en el que he alquilado un apartamento durante dos meses. Huele a especias y a aceite humeante.

Acabo de vender mi única posesión, mi piso del Ensanche barcelonés, a un comerciante egipcio y a su hermano, que tienen un negocio de material de escritorio allá en El Cairo y se están haciendo con propiedades en Barcelona (que les recuerda Alejandría, por el trazado de algunos barrios, el mar y por los taxis amarillos) para acceder, algún día, al codiciado pasaporte Shengen. Les llamo *los hermanos musulmanes,* aunque tienen más similitud con la burguesía nacionalista del Egipto de Nasser que con el de los islamistas. La pasta que me dan por el piso (me regalan el bolígrafo con el que firman la escritura de compra: de su fábrica) se convertirá en mi seguro para el porvenir, y eso, unido a la pensión que me he ganado tras cotizar a la Seguridad Social desde los catorce años, hace que me sienta transitoriamente grandiosa.

Iré a pasar en Bangkok el tiempo suficiente (dos meses) para disfrutar de Mónica, Javier Espinosa, Yeray y Nur. Los cinco fuimos muy felices en Beirut, entre Mónica y yo se estableció un vínculo y una complicidad que echo en falta. Necesito también seguir el crecimiento de los críos.

Es una buena decisión. Vacaciones largas y exóticas. Pido permiso a *eldiario.es,* donde colaboro muy a gusto desde que en 2013 finalizó mi relación con *El País,* para que me den ocho semanas de asueto. Ya en Bangkok comprendo que voy a tomar otra determinación que ni yo misma esperaba. Se lo digo a Mónica, posiblemente mientras recorremos uno de esos espectaculares e inhumanos centros comerciales que parecen diseñados para que un pirado los vuele. O para quedarse quieto en un rincón y morirse allí mismo de asco capitalista. Y también de fascinación por el impudor de la riqueza.

«No voy a volver a escribir. No voy a volver a publicar». Mi amiga me mira, desconcertada, pero al poco lo comprende. Me he enamorado de la idea de abandonar. Dejar de escribir (o hacerlo solo con la cabeza, tomar notas sueltas; para nadie más que para mí) y, sobre todo, de publicar, me produce un alivio indescriptible. Vagancia. No dar golpe. No dar explicaciones. No tener que opinar. No ser juzgada.

¡No clavarla! Pasear. Leer. Contemplar. Discernir. No soportar fechas ni horas de entrega. No tener deudas. Acariciar, a solas o con los amigos, las ruinas de mi inteligencia y de la ajena (sigo homenajeando a Gil de Biedma, pero con más optimismo).

Durante esos días, en la Tailandia de mis amigos y de sus conocidos, no la del turismo y los masajes, soy espléndidamente feliz. Me he quitado, en el momento más oportuno, un buen peso de encima. Por así decirlo, mis jornadas transcurren rascándome la *pomme de terre* y observando la vida alrededor.

Mi habitáculo en Bangkok se halla en el piso veintitantos de un enorme panteón vertical, que incluye piscina en una de las plantas y gimnasio en otra, y en el que reinan materiales que allí identifican con un sólido lujo: vestíbulo enorme forrado de mármol negro, floripondios secos sobre mesas que Luis XIV habría considerado minimalistas, ¡un piano de cola!, y tanto hierro forjado, con sus combinaciones doradas, que te dan ganas de encadenarte a cualquier ventana o puerta y de suplicar que te pasen un limpiametales. Por no hablar de las lámparas, que cuelgan del techo como armas de decoración masiva.

La parte buena: el Ariva está cerca de la casa de mis amigos y funciona muy bien. Mis escuetos 25 metros cuadrados son un modelo de aprovechamiento espacial. Una cocinita en la que experimento fusión mediterráneo-asiática a mi manera, una pequeña ducha, un comedor-salón y, al fondo, separado por un murete, el dormitorio, que consiste en una cama grande (sin mesilla: el murete sirve para poner las cosas), adosada a la pared de cristal que da al Otro Mundo. Es decir, al impresionante *skyline* de una urbe de Extremo Oriente que nos adelanta en tecnología y en entregas a domicilio y que soy incapaz de descifrar, pero cuya contemplación desde lo alto me deja embobada.

Iza, mi chófer de confianza (recomendado por los disciplinados conserjes), lleva el pelo a lo moderno, rapado al uno en las sienes y la nuca, con un remolino punk en lo alto de lo más garboso. Nos hemos tomado cariño (o eso que en un Oriente tan extremo e inescrutable queremos tomar por cariño: cortesía suma y cierto peloteo), y cada día, o casi, me espera para llevarme a un lugar u otro. Suelo invitarlo a comer para que me cuente historias y ha adquirido el hábito, a la una de la tarde, de frotarse graciosamente la tripita y preguntar: «*Mangiare*?», usando el patizambo italiano salpicado de inglés que constituye nuestra herramienta comunicativa.

Luce una pequeña imagen de Buda, con sus correspondientes florecillas, siempre frescas, en el salpicadero. Pertenece, me cuenta, a una familia humilde y numerosa, razón por la que lo entregaron a unos monjes para que lo criaran. «*Budists sempre buoni*», suele proclamar al final de la jornada, mientras me saca billetes hasta de las orejas. Se los doy a gusto. Meterme en cualquier taxi en Bangkok es una aventura que no me apetece correr a solas. Sí me enloquece ir en el Skytrain con Mónica y los críos y dejarme sorprender por la ciudad, tan distinta a lo nuestro, desde los carriles elevados, como en una secuencia de *Blade Runner*. Abajo, entre los rascacielos de imaginativos perfiles y las gigantescas pantallas con anuncios luminosos en pleno día, avanzan a duras penas cientos, miles de taxis de todos los colores; de mototaxis, de motocicletas. Es una visión futurista. De un futuro inquietante, masificado y, al mismo tiempo, individualista. Gregario pero egoísta. El mundo que nos viene, pensamos mis amigos y yo, cuando nos da por analizarlo. Pasarán cinco o seis años antes de que comprobemos, al salir de la pandemia, que ellos son aquello en lo que nos convertiremos.

En Bangkok, ese 2016, vi por primera vez a gente joven, en un local de última moda, sentados a la misma mesa, mirarse a los ojos en las imágenes de sus teléfonos y hablarse mediante mensajes. Sus rostros, iluminados por multitud de pantallas en la, más que penumbra, casi oscuridad, relucían como el líquido de colores de las botellas. «¿Qué vas a tomar?», preguntó la empleada antes de conducirnos a una mesa. Como respondas simplemente «cerveza» estás jodida. La palabra «whisky», o cualquier otro trago caro, abre camino.

El pasado más interesante de Iza (que ronda la cincuentena, pero, como muchos orientales, parece más joven) no se reduce a su pío budismo de exportación; aunque solo lo cuenta después de trasegar un par de birras. En sus mejores años formó parte de la flota de conductores de limusinas que los grandes hoteles ponen a disposición de los clientes ricos (hombres) que llegan a gozar de las bellezas (femeninas, aunque no siempre;

pero, demasiado a menudo, infantiles) que un país con tanta desigualdad y pobreza como Tailandia ha ofrecido y sigue ofreciendo: entonces más a visitantes pudientes, ahora a un turismo sexual más rácano, masificado, pero igualmente explotador e inmoral. Todo empezó cuando los soldados estadounidenses que combatían al comunismo (y perdían) en el cercano Vietnam pasaban sus vacaciones desfogándose en las playas tailandesas, soltando dólares y convirtiéndolas en el burdel de Extremo Oriente. Y se corrió la voz.

Diversas crisis financieras acabaron con el empleo de Iza (me pareció que había disfrutado de fastuosas juergas con sus clientes, nostálgicos militares retirados de Estados Unidos, a quienes veneraba), y lo redujo a respetuoso chófer de un taxi normal, al servicio de esta muy respetable jubilada, que huye de las calles del pecado y de las zonas más arrastradas y crudas de la realidad tailandesa. Aunque no puedo evitar, a menudo, en un restaurante, asquearme al contemplar a un nórdico maduro y gordinflón haciéndose con los mimos de una frágil jovencita a cambio de una cena y una baratija. «Ojalá le saque hasta los ojos», suelo desear. Esa pobre chiquilla puede que mantenga a su familia.

* * *

Sigo.

Voy aspirando Bangkok esa mañana de febrero de 2016, por la acera en la que la clase superbaja (o casi: hay quien incluso carece de este medio de vida) instala

64

sus puestecitos de comida para alimentar a quienes trabajan en los comercios y oficinas cercanos. Llegan familias (hasta cuatro personas: son muy delgados) en una moto desvencijada, cargados de cacharros. Un par de ollas, cazos, cucharas, un butanín. Y comida. En pocos minutos florecen los chiringuitos y se mezclan los olores pringosos. Los que compran sopa o fritangas se las llevan en bolsas de plástico o en túper, quienes ocupan mesitas en los pequeños restaurantes atacan los cuencos armados con dos cucharas. Hay también garitos de comida fijos, pequeños, estrechos, apretujados, saturados de pescados fritos y crujientes. Su aroma nutre mi pelo y mi ropa, intento pasar lo más rápidamente posible y colarme por fin por el callejón arenoso con floraciones repentinas que súbitamente cambiará el paisaje, llevándome a los tranquilos *compounds* para familias acomodadas, muchas de ellas extranjeras.

Pero antes de desprenderme de los olores de la Transversal 55 para llegar a la 53, donde viven mis amigos, rindo homenaje a dos negocios, para mí, inolvidables. La pequeña tiendecita llena de ropa de segunda mano regentada por una bella mujer tailandesa de mediana edad y afrancesada (con flequillo a lo Juliette Gréco, buscad en Google los necesitados), que escoge y revende unas prendas chulísimas. Conservaré para siempre una camisa masculina, de crepé de seda azul marino con estampado de delicadas flores blancas, que cuando me la pongo parece que vaya a atravesar el Mekong para ligar con Catherine Deneuve.

Y además está el pequeño estanco, en el que venden también chucherías, y que tiene en la puerta un panel con periódicos ante el que siempre me detengo. Cierto, solo uno en inglés: *The Bangkok Post*. Suelo comprarlo, aunque ya estoy muy hecha, desde que viví en Beirut, a leer diarios en la web para poder mantenerme al día.

Hoy he de frotarme los ojos varias veces para comprender que, en portada y en un tipo de letra exagerado incluso para sus parámetros habituales, un apellido catalán (Segarra) aparece junto al anuncio de que ha sido detenido en Bangkok, por asesinato. Concretamente, por haber hecho descuartizar, nativos mediante, a un compatriota suyo (y mío, de la patria chica, añado para mis adentros), después de obligarlo a entregar sus fondos.

* * *

Otro hoy, otro encuentro, otro descuartizamiento. El Tiempo, goma de mascar. Y el espacio. De Tailandia a Asturias, con serrucho y sin amor.

Hay una serie, *La serpiente*, ambientada en los setenta y basada en hechos reales, en la que una pareja occidental se dedica a esquilmar y asesinar a jóvenes también de nuestra parte del mundo, siempre dispuestos a viajar, trepar al Himalaya, *colocarse* y llegar al nirvana en la parada próxima. Hoy en día, en la realidad, funciona una especie igual de mala, pero más imbécil: gente que piensa que los tailandeses son tontos y que a los extranjeros (supuestos seres superiores) les está permitido cometer cualquier tipo de crimen.

Recuerdo, en Asturias, con Javier y Mónica, y sus hijos, aquellos días de Bangkok, y aquellos templos dorados, y aquellos inmensos Budas que, visto uno, vistos todos.

«*Budists sempre buoni*», repetía Iza mientras me sacaba dinero de las orejas. Una lección que aprendí muy bien. No quiero ni pensar en lo que se sacan de comisión en las comisarías, con estos pardillos con ínfulas de Jack The Ripper.

* * *

Regresé a Bangkok en 2017, para tres meses, al mismo Ariva de los muertos vivientes, a la misma Transversal 55, a los mismos olores. En los salones de un hotel cercano al río, Mónica y yo dialogamos con Agus Morales, de *Revista 5W,* y de esas jornadas salió un libro: *Contarlo para no olvidar.* En principio, no era escribir, sino largar, y Agus con su equipo se encargaba de la transcripción y edición. Pero Mónica y yo teníamos que escribir, cada una, un texto sobre la otra que serviría de prólogo. Entonces no lo pensé; pero, con el tiempo, sí. Nunca digáis nunca jamás.

Un día, yendo por un corredor elevado del Skytrain, di un mal paso y me fisuré el peroné. Mónica me llevó a un hospital (privado: no hay otra cosa), que también parecía un centro comercial, porque, mientras te saqueaban la tarjeta de crédito, iban haciéndote reverencias y los porteros uniformados como mariscales te llevaban en silla de ruedas cual si fueras el copón bendito. Había tiendas de juguetes para bebés (no pocos obtenidos de vientres de alquiler, sustancioso negocio allí gracias a parejas ricachonas de todo tipo) y había un desfile de japoneses de 80 años que acompañaban a sus padres, centenarios en tratamiento.

En cuanto pude, con una férula, una muleta y agarrada a un guía con el otro brazo, visité Vietnam, me enamoré de Hanói y de los vietnamitas, tan dignos ellos, y tan elegantes; y también fui a Camboya (uno de los horrores organizados por ese anciano atroz, Kissinger, que morirá dentro de poco) y me dio mucha pena. Allí subí y bajé las escalinatas de diez de esos templos sobrecogedores que se mezclan con los tentáculos de la selva y que ahuyentan al turista de la infinita miseria que aflige a la mayoría del país. Volví con la imagen de un padre que pedía limosna en una plaza, exhibiendo a su pequeño hijo aquejado de una monstruosa macrocefalia, solo aliviada por la de un humilde circo tipo ONG para pobres atléticamente dotados. Con simples sillas conseguían espectáculos mucho más meritorios y menos empalagosos que los del Cirque du Soleil.

Cuando volví a Barcelona, con mi peroné fastidiado, pero satisfecha por haber resistido el dolor, pasé un año sometida a diversas terapias. Gracias a ello y a mi paciencia, el huesito se cerró y no tuve que recurrir a una intervención quirúrgica. Entre otros médicos, disfruté del doctor Filippo di Caneva, que me daba masajes relajantes mientras cantaba ópera. Toda una experiencia.

Podría escribir un libro solo con la historia de mis huesos rotos y del consiguiente penar que me ha acompañado a lo largo de los años.

No pienso hacerlo. Ahora mismo estoy como una rosa.

6
EL ÚNICO PARAÍSO ES EL CINE
(DE BARRIO)

Se remueve el planeta y estallan conflictos que nunca dejaron de existir, pero ahora los peores actores de cada casa parecen haber encontrado carta blanca para entrar a saco en el hogar ajeno y destruirlo. No me gusta asistir como espectadora a esta inundación de sangre auténtica en pantallas y entre anuncios que acaban convirtiéndola en kétchup para nuestro ¿entretenimiento? ¿Morbosidad? ¿Necesidad de justificación?

Cuanto más me ensimismo en la realidad, más necesito el cine; y cuando digo el cine quiero decir el recuerdo del cine que vi en las salas de barrio de mi infancia. En estos días trágicos para lugares de Oriente Medio cuyos conflictos cubrí como pude cuando era reportera, antes de convertirme en sauria y algo sabia observadora, en estos días de mierda y de lágrimas inútiles trato de refugiarme en aquello que mi amigo Terenci Moix, en sus *Inmortales del cine,* llamó con humor «aventuras en la morería», y pienso cuánto más feliz era yo en locales oscuros que olían a cuerpos pobres, refugiada en mentiras que hoy nos hacen sonrojar. La denuncia de *Orientalismo,* de Edward W. Said, incluiría esa mirada al otro tan hollywoodiense, que entonces engullíamos sin problemas; eso sí, con la inocencia propia de nuestra ignorancia.

Dadme un Paraíso de cartón-piedra con Piper Laurie (que acaba de fallecer) compitiendo con Tony Curtis en *Su alteza, el ladrón* o al Rock Hudson bellamente sudoroso de *La espada de Damasco;* o al pavo de Edmund Purdom haciendo de *Sinuhé el Egipcio.* Dadme incluso al Saladino más improbable, Rex Harrison, embadurnado en betún, en una cosa llamada *El talismán,* que devoré una vez tras otra en sábados por la tarde. Pero ahora mismo ni siquiera podría ver *Espartaco,* porque sé que Jean Simmons se aleja al final con un bebé que posiblemente nunca será libre, o que tal vez se convierta a su vez en un verdugo. Ver imágenes de la Puerta de Damasco, vacía de aquella vida que aportaban los campesinos palestinos con sus puestos de frutas y verduras, verla forrada de militares israelíes; e imaginar la calle desde donde se toma la foto o el vídeo, precisamente la calle de Saladino, antaño bulliciosa, pero siempre en peligro de un lado o de otro. Verla, digo, me hace añorar a Rex Harrison teñido haciéndole carantoñas a una Virginia Mayo que cantaba como un molusco como señorial dama Plantagenet.

Ah, las mentiras de aquellos cines de barrio. Recordarlas ayuda a resistir que la vida real convierta hasta las películas *de fuste* (pongamos *Espartaco* o *Lawrence de Arabia*) en mensajeras del infierno. Porque ya sabemos que es muy posible que el hijo de Jean Simmons y Kirk Douglas no sobreviviera en un mundo tan cruel (o que para hacerlo tuviera que convertirse él mismo en despiadado), y que la traicionera partición de Oriente Próximo tras la caída del Imperio otomano, el reparto del territorio entre ingleses y franceses condujo a estos horrores que contemplamos en pantallas.

Todos los lugares de Oriente Medio en los que reporteé han empeorado y la llamada «comunidad internacional» lo ha estimulado o consentido.

Así que permitídmelo.

Dadme una mentira en Cinemascope. Mejor dicho: devolvedme mi inocencia de cuando creía que Nerón era el único malo de la sala.

* * *

No quiero que la mala leche agríe lo mucho que disfruto del cine, en cualquier pantalla, en sala o en casa. Admirar por enésima vez *Horizontes de grandeza,* con Oscar Mariné y Elena y un grupo de amigos ¡que no la habían visto!, en la casa que la pareja tiene en Segovia, es otro recuerdo que añadir a los buenos. Oscar y yo la analizábamos, para desgracia del resto (haberla visto antes). Él (que es hijo del mítico director de fotografía Juan Mariné): «Ya no se ruedan escenas como esta». Yo: «Ahora viene lo del duelo entre los viejos, pura tragedia griega». Los otros: «¿Os podríais callar?». De muy buen rollo.

Si tuviera que rezarle a alguien (aparte de a mis actrices favoritas), sería a los inventores que, sucesivamente, han lanzado soportes gracias a los cuales las películas nunca morirán. No me importa si ver una peli en una sala me cuesta, pero duran demasiado para mi vejiga (gracias, Nanni Moretti, por tu *El sol del futuro* de 1 h y 35 m), y no me gusta bajar bastón en ristre y con la linterna del móvil en la otra mano pudiendo, como puedo, ver una peli de tres horas en casa y meando a gusto.

Una de las cosas que más placer me producen, aparte de ver pelis desde mi sofá, es que una persona joven descubra gracias a mí una película clásica. Y otro placer es el de volver a verla con aficionados de verdad. Le contaba hace poco Víctor Erice a Elsa Fernández-Santos, en *El País,* que la nuestra (los 83 del autor de *El sur,* mis 80, quienes se nos acercan en edad) fue la primera generación de cinéfilos que hubo en España. Es muy cierto. Carne de cineclub, de cinefórum, de aquellas revistas especializadas, cada una a su manera, que nos ponían al día. Mucho antes de empezar a trabajar en *Fotogramas* bajo la batuta de Elisenda Nadal y de aprender a desarrollar mi estilo al escribir, ya había leído suficientes *Fotogramas,* de aquellos tamaño sábana y con pocas tintas, que cuando yo era pequeña dirigía su padre.

El cine fue una inconmensurable Puerta Abierta para los jóvenes que, en los sesenta, sufríamos la sequía cultural del franquismo. Incluso con cortes, censuradas, o porque no las dejaban proyectar, y solo podíamos leer sobre ellas y quejarnos como podíamos, las películas nos proporcionaban la adrenalina necesaria para ser felices a pesar de la sordidez de la época. Eli, para quien trabajé cuando convirtió *Nuevo Fotogramas* en una revista en color, moderna y con tanto glamur como podíamos permitirnos, es otra gran cinéfila, sobra decirlo, con quien me gusta mantener largas charlas telefónicas en las que siempre recordamos pelis, anécdotas, personajes queridos del cine español o internacional.

Hablar de cine era, antes, también, una forma de vivir mejor la vida.

El cine aparece en mis sueños. Incluso en pesadillas. Mañana tengo que participar en un homenaje que la Academia de Cine le rinde a Elisenda. Lo haré Zoom mediante, porque poco antes me pinchan el ojo tonto y estaré presencialmente grogui. Pues bien, mi intervención (que en el sueño era en persona) era un desastre y el público me pitaba, y Eli, esplendorosa y vestida de rojo, me miraba mal. El lugar donde nos encontrábamos era una mezcla de Parlamento británico y Saló de Cent del Ajuntament de Barcelona: impresionante. «No puede ser, perdona —le suplicaba a Eli—, perdóname, esto no puede ser real». «¿Por qué?», preguntaba ella. «Porque en primera fila veo cariacontecido a Terenci, que está muerto, y luce con la chaqueta con que fue amortajado». Creo que mi respuesta nos entristeció más a las dos.

Qué alivio, despertar.

La primera generación de cinéfilos nos vamos extinguiendo, aunque, gracias a la televisión, sobre todo la pública, y a algunos programas especializados en la radio y a las neveras de las plataformas (en fin, gracias a la nueva cinefilia), el horno donde se han cocinado las mejores mentiras sigue resoplando, como la sala de máquinas de *E la nave va*. Aunque hayan pasado ya sus mejores tiempos.

(Nota: En pleno discurso de agradecimiento, en la vida real y conmigo siguiendo la ceremonia por Zoom, Elisenda Nadal se echa a llorar y le susurra al micro: «Todos están muertos»).

* * *

Pelis en las que me gustaría vivir y asuntos de cine que me gustaría hacer después de diñarla:

- Pasar la eternidad bajo la bóveda del planetario de Los Ángeles, como Nathalie Wood en *Rebelde sin causa,* rodeada por mis amigos, pero sin neuras. También por los conocidos, los colegas, la gente que me hizo bien en algún momento, aquellos de quienes aprendí. Una fila especial para las personas con las que no me porté bien, o con las que me equivoqué. Me haría una autocrítica, qué ilusión. Y luego los denunciaría a ellos, que es siempre lo mejor de las autocríticas tradicionales, con o sin gulag. Desde ese Observatorio de Los Ángeles (que nunca visité, y mira que estuve veces en lo que antiguamente llamábamos «la Meca del cine»), mi gente y yo contemplaríamos el universo, no se me ocurre vista mejor, y seríamos también el universo, estrellas cuyo brillo permanece, aunque se hayan extinguido, y que nos reconocemos al parpadear. Irnos guiñando por los planetas, bailando el hula-hula con los anillos saturnales, pasarnos los satélites unos a otras a caderazos. Jugar.

- Despedir a John Wayne desde el quicio del plano de puerta (sí, Puerta) al desierto y sus centauros más famoso del cine de John Ford, y del cine en general, y también el más homenajeado y copiado. Supongo que a ninguno de los dos John (cuántas horas felices os debo) les importaría disponer de un saludo más.

- Bajar las escaleras con lentitud, valientemente, hasta el comedor, luciendo en el dedo la esmeralda que prueba que mi tío Josep Cotten es, sin la menor sombra de duda, el asesino de viudas ricas. Teresa Wright fue siempre mi chica de Hitchcock predilecta. Una heroína discreta, hecha de la misma pasta, la integridad, que su personaje como hija de Herbert Marshall en *The Little Foxes*. Me gusta poner el título original del filme de William Wyler porque el español, *La loba*, reducía el asunto a la codicia de Bette Davis, cuando la obra de Lilliam Hellman en que está basada la peli denuncia algo mucho más amenazador: los pequeños depredadores que están en todas partes, aprovechándose del trabajo de los demás y destruyéndolo. No va por ti, Isabel Díaz Ayuso. Va por todos los de vuestra calaña. Los de las mil serpientes en la cabeza.

- Caminar, imperturbable, a la salida del cementerio de Viena, después de enterrar a *El tercer hom-*

bre. Y dejar al pobre Holly Martins apoyado en una especie de carreta, prendiendo un cigarrillo mientras me alejo para siempre y, tal vez, asume que la lealtad es poliédrica y que, como le previno el mayor Calloway, la resabiada Europa no es una novela del Oeste.

- Permanecer tumbada en mi sofá chéster de dos plazas viendo en bucle a tres que cantan y bailan gloriosamente *Good Morning,* mientras al otro lado de la ventana llueve y llueve.
- Darle dos buenas hostias a Rhett Butler al final de *Lo que el viento se llevó,* ponerme un sombrero rojo e irme al burdel para beber y jugar a las cartas con Belle, la amable prostituta, a quien convencería de que nos fuéramos juntas para poner un bar en la galaxia (o la galaxia en un bar).
- Pasar la infinitud en el chaleco de Gregory Peck, cerca de su reloj de cadena, en *Matar a un ruiseñor.*
- Fumar como Bette Davis, filosofar como Thelma Ritter, rascarme la pierna escayolada como James Stewart y caminar como Kim Novak y Robert Mitchum. Todo a la vez.

Aunque, aquí y ahora, el personaje que mejor me define es, como escribí en alguna parte, el de Charles Laughton en *Testigo de cargo,* riendo cavernosamente y dirigiéndose hacia el final (de la película; de la existencia misma) mientras controla la caja de puros y el coñac del termo. Nunca evadida en la pantalla, como la sufriente

Rosa púrpura de El Cairo, sino haciéndole trampas al destino, como el abogado defensor peleón, que apuesta todo lo que le queda a continuar apostando.

Os parecerán demasiados deseos, pero la eternidad es tan larga que admite el consuelo de pensarla cinematográficamente para aumentar la calidad del morir. No existe mejor quitapenas que el buen cine y, por consiguiente, puede resultar también un mejor quitavidas. Seguir existiendo en pantalla, en escenas o en fotogramas esparcidos por el universo. Con la familia escogida.

Gente de la vida. Gente del cine.

7
LA VEJEZ ES UN CAMPO DE BATALLA

Plan para hoy. Agarrar bien el remo y tratar de que avance mi piragua.

Hace poco leí en *La Vanguardia* un artículo de Quim Monzó en el que hablaba de que le había salido un bulto debajo de un huevo y que, entre eso y todo lo demás, y que no lo veía bien porque tiene glaucoma, estaba por dejarlo y permitir que la naturaleza siguiera su curso. Es una tentación que se me presenta a menudo, cada vez que saltan ladrillos de esta antigua construcción que es mi cuerpo. Pero, como los lectores de Monzó, unánimes en sus recomendaciones de ir al médico, soy partidaria de irme apedazando, por respeto a los que ya no pueden hacerlo. Y porque sé de sobra que el curso de la naturaleza no es directo, sino muy retorcido. Así que, ante la duda, el médico.

Tenía treinta y pocos años cuando sentí por primera vez el pánico al deterioro del cuerpo. Me recuerdo viviendo sola (aprendiendo a vivir plenamente sola: con la mente también), duchándome, y escuchando, todo a la vez, el crac con que mi cuello me obsequió bajo la espuma. Hoy me abofetearía ante el espejo (si no fuera por miedo a darme en el ojo malo) por haber sido tan imbécil, igual de imbécil que cuando me ofendí, a los 32, porque en una farmacia me llamaron señora.

Aquel instante tonto (¿y si este crujido es el principio de algo mucho peor?) quedó grabado en la persistente memoria de mi cuerpo. Casi cinco décadas después, muchísimas guerras dentro de mí, y contra otros, también, con algún que otro conflicto internacional a las espaldas y muchos, demasiados amigos y colegas muertos, puedo deciros que el día a día de mi edad actual siempre me regala la certeza de que el ramalazo de indefensión que entonces sentí es tan ineludible como necesario. Nos mantiene alerta.

Indefensa en medio de este campo de batalla, a sabiendas de que el enemigo ha sido claro y de que solo saldré de aquí con los pies por delante. Pero alerta.

—Julia, necesito que me calmes.

—¿Qué te ha pasado?

—Tengo una espinita de anchoa pegada al paladar. Cerca de la campanilla.

—Coge las pinzas de las cejas, desinféctalas y trata de sacarla.

Callada, yo. Al final:

—No tengo pinzas.

—¿No te depilas las cejas?

—¿Qué cejas? Los cuatro pelos que me quedan me los tiño, ¿por qué demonios me los iba a quitar?

Y así pasan los días, como pasan las espinitas de anchoa hacia el desaguadero, si has tenido suerte, una vez más. Igual que se perdió aquel primer tirón de cuello.

En este espacio minado la suerte, la oportunidad y las amistades forman una tríada que ayuda a no saltar por los aires. No todavía. Soy afortunada.

* * *

Dentro de esta mujer muy vivida que soy hay dos mujeres muy vividas también. Una, la física, la que por la mañana despierta y recoge las piezas y las encaja como puede, la que acude a la consulta del oftalmólogo que va a revisarle la vista y a clavarle la inyección que intentará detener la oscuridad en su ojo derecho. La que, esa misma tarde, acudirá al buen doctor que le instila periódicamente la vejiga. Pero, atención, todo con amigos: el incondicional Edu Galán, por la mañana, y la prácticamente hermana Julia, que toma el relevo y con quien almuerzo mientras esperamos la hora del pinchazo.

Esta mujer que aguanta su deterioro, con amigos y con medios (no muchos, pero espero que sean suficientes: jamás he cobrado una indemnización ni un soborno para callarme la boca), es una mujer afortunada. Ayer mismo, todavía con la neura irracional del informe sobre la ceguera (nos pasa por la edad: confirma que hemos llegado hasta el punto ciego), nos reunimos para uno de nuestros almuerzos periódicos la peña formada por Ana Belén y Víctor Manuel, Miguel Ríos, Francisco Nixon, David Trueba, Enric González, Edu (el organizador de eventos: una de sus encarnaciones) y esta servidora. No sabéis el consuelo y el entusiasmo que me produce tenerlos en mi mundo. Los comensales mayores vivimos las mismas cosas y tenemos muchas historias en común. Los más jóvenes aportan su sabiduría e incluso su inocencia. Me ayudaron a superar las sombras del día de ayer.

Y hoy escribo esto en otro bar, Los Rhinos, que lo tengo cerca de mi casa en Madrid y que forma parte de mi trajín de barrio. Aunque de bares, de barrios y de escritura nómada os hablaré en otro momento. Merecen su propio espacio.

Os he dicho que hay dos adultas en mí y he intentado contar algo de una. La otra dispone de un motorcillo todavía engrasado, todavía vivaz, que la mantiene unida a lo que ocurre, al mundo que habita y al modelo de sociedad en que prefiere envejecer. Atenta a los que arrojan mierda a paletadas sobre la convivencia, iracunda frente a los embusteros y calumniadores. No es lo que difunden en las redes lo que me indigna. Es lo que hacen.

Este país está siendo envenenado por el Partido Popular, doblegado a su ala más rancia y neoliberal, a su capitalismo caníbal. Los depredadores ocupan espacios y nos obligan a luchar democráticamente contra el retroceso. No voy a escribir que nunca imaginé verlos salir como hidras a estas horas de mi anochecer, porque la verdad es que siempre lo temí. Nunca se fueron. Y ahora tienen más desparpajo.

Malditos salvapatrias. Ojalá os pudráis en algún tipo de infierno.

Mientras tanto:

Julia:

—Me ha pasado una cosa horrible. He vertido el té fuera de la taza.

Yo:

—Bienvenida al club. Te aconsejo que antes de echar el líquido compruebes con la punta de los dedos el borde de la taza y el pitorrillo de la tetera. A mí me pasó con el whisky y desde entonces aprendí mucho.

A partir de cierta edad, verter fuera de tiesto es para siempre.

8
DEL AMOR Y OTROS
ARTEFACTOS

Regreso (modo ráfaga) a Asturias. Oviedo, 2023. Hotel Fruela, la habitación de todos los veranos, el cariño de siempre. Como si viviera en casa, pero mejor. Si me acuerdo, dedicaré uno de estos episodios a los hoteles de mi vida.

Ayer, aquí, sentí un pico (y picor) de nostalgia por Rodolfo Langostino, mi pequeño vibrador malva.

Desde mi habitación curioseaba en la web del *New York Times* (no siendo neoyorquina, ni remotamente talentosa como Nora Ephron, puedo permitirme seguirlo, y desdeñar el *New York Post*), cuando llegué a una sección que me chifla, *Wirecutter,* porque recomienda aparatos que previamente prueba en beneficio de los suscriptores, desde barbacoas y patinetes hasta... Perdona, espera: *The Best Vibrators.* «Después de nueve años de investigación y *testing,* seguimos pensando que X [no quiero hacer publicidad] es el mejor vibrador clitoriano».

Fue entonces cuando experimenté hasta lo más hondo una punzada de arrepentimiento por no haber metido en la maleta a Rodolfo. Y ahora, él en Madrid y yo en Oviedo.

Bruta de mí, toda su vida lo he llamado consolador, desde que compré el primero en el sur de Francia, de un tamaño que parecía fabricado para elevarse desde Cabo Cañaveral. Cómo ha mejorado el tema y, afortunadamente, las posibles denominaciones. Fue hace muy poco, lo confieso, en un programa especial que grabé para la SER dirigido por Eva Cruz, cuando las otras y muy ilustres (más que yo, desde luego, y más jóvenes) participantes, capitaneadas por mi admirada Clara Serra, me hicieron ver el disparate patriarcal del año catapún al que, sin darme cuenta, había sometido a mi lenguaje. Me arrepentí en el acto, naturalmente, y prometí rebautizarlo. Ni consolación, ni aflicción. Aunque, llevada por la ternura que siento hacia el trasto, quise llamarlo María del Consuelo o María Auxiliadora, pero eso también suena sexista.

Iluminación súbita: ¿por qué no Rodolfo Langostino? Si me refiero así a mi sucursal del banco, mi verdadero chulo desde hace muchos años, ¿por qué no compensar al famoso crustáceo televisivo, musa publicitaria de Pescanova (ahora en manos de una multinacional implacable que le ha quitado a mi Rodolfo el deje argentino), poniéndole también su nombre a mi inseparable, aunque intermitente, compañero de los últimos años? Es menos posesivo que el banco, por no hablar de la óptima calidad de sus sobresaltos (sin comparación), e incluso cuando se atasca resulta más agradable que la desabrida respuesta que puede recibir en una superficie bancaria una octogenaria despistada y con bastón.

El amor propio, al que no pienso renunciar, sigue perezosamente vivo en mí a lo largo del tiempo, deparándome algunas sorpresas. Cuando tengo ganas, es como si Rodolfo llamara a mi puerta, envuelto en su bufanda y con su aire de *agarrafarolas* cual héroe porteño de Piazzola, Astor. Y a estas alturas me gusta realmente él. No aquello a lo que sustituye. Me pregunto que haré cuando lo pierda, o cuando se muera.

Porque está probado que las mujeres vivimos más.

Hasta hoy, solo han fallecido tres o cuatro de mis amantes incidentales, los que eran mayores que yo. Como siempre me gustaron más jóvenes, muchos de ellos siguen vivos. Lo cual es un alivio. Si ya es funesto tener la edad en que se rastrean las esquelas de *La Vanguardia* y las listas de muertos durante el año del *New York Times,* imaginad lo que supone darte de narices con la necrológica de alguien a quien tuviste entre tus brazos. O entre tus piernas.

* * *

Nunca fui buena para el amor verdadero, que requiere dedicación y paciencia, y es posible que otro carácter. Puedo permitirme, creo, hablar con profunda superficialidad del que conocí. El otro. Fogonazo, calentón, pasión, pasar al ataque. Había enamoramientos, claro. Y promesas. Durante demasiados años me tragué entero ese cuento obsceno, ese porno duro que nos venden: que detrás del romance te aguarda un asunto para toda la vida, lo cual me parece amenazante. Y que detrás del romance hay algo todavía más tentador, aterrador y falso: la razón de tu vida.

Todavía me pregunto qué conduce a una persona a tener para siempre en la cama a otra persona, la misma persona, para dormir con ella durante el resto de sus noches. Como hay mucha gente que lo consigue, y además es feliz, debo creer que el verdadero amor, la gran amistad duradera e incluso el sexo en común hasta el final existen. Lo creo, lo aplaudo, y los felicito, porque gracias a ellos la humanidad no se extingue y puede poblar el planeta y llenar los cruceros.

«A ti tu madre te castró en ese sentido», me dijo en una ocasión mi amiga Julia. Se me quedó la flecha clavada (mi maldita memoria) porque dio en el blanco. Mi madre, que soñó con Clark Gable y Ronald Colman hasta el fin de sus días, pese a haberse casado sin amor con un hombre que la golpeaba; mi padre, que se había pasado la vida pegando a mujeres y que se había enamorado de mi madre, pese a lo cual la golpeaba. Mi madre, abandonada por mi padre pegón, y triste por ello; mi padre pegón, que me quería, y me perseguía por las calles y me daba miedo. Mucho, mucho miedo.

Dime algo que no sepa, doctor Freud.

Busqué amores imposibles, provoqué rupturas y escenas operísticas. Las pocas veces que intenté seguir las normas no solo me aburrí, sino que desperdicié unos buenos años.

Pero el sexo tuvo sus cosas. Para conseguirlo, has de ponerte a dieta (cuando yo era joven, Jane Birkin estaba considerada un peso medio), y eso hace que te encajen tallas más pequeñas y te gustes más durante un período más o menos largo (o corto). Y, creo recordar, para mí no había placer más grande (en el periodismo, lo hubo: mejor y más prolongado) que salir de cacería. Ese brillo en los ojos que se cruzan, ese esta noche o nunca y sin condón, antes de la nefasta plaga. Tardé en aprender a marcharme pronto de la historia, porque el porno del romance inducido es una costra difícil de arrancar. No quedan cicatrices, al menos a mí no, pero menudo trabajo tonto y duro, el de quitársela.

Ojalá las chicas de hoy y del futuro no caigan en eso. En el romance estéril y sin proteínas. Es más fácil salir de todo lo demás, siempre con la ley a nuestro lado, que de ese caramelo empalagoso y romántico en el que estás hundida hasta las cejas. No sé si se arregla cambiando de preferencias sexuales. Otra amiga, lesbiana, a la que no veo desde hace tiempo, y a la que me quejé de lo mal que había salido uno de mis rollos, me aleccionó: «No son los tíos. Lo jodido es el amor. Una parte de la pareja siempre da más y la otra siempre arrebata más».

Creo que mitad y mitad sería lo justo.

No pienso que vaya en la genética, sino en la educación. A mí me educaron para ser masoquista y resignada. Y a lo largo de mi rebelión, en esa lucha ciega que ni yo misma reconocía, cometí muchos errores, involucré a otros. Mis broncas, mis *drama queen,* mis espantadas. Aunque eso no fue lo peor. Lo peor ocurrió siempre que me quedé. Por las diosas, qué pérdida de tiempo, con la puta vida normal de los cojones.

* * *

Educad a vuestras hijas para que sean fuertes, para que sean autónomas, para que sean libres (y también que aprendan artes marciales). Educad a vuestros hijos para que no tengan miedo ni se sientan acomplejados ni frustrados ante las mujeres fuertes y libres. El fracaso no es de temer. Vivir es fracasar, porque al final te mueres. Pero, amigas y amigos, qué flipada, el camino. Mejor juntos y juntas.

—Julia. Me he dejado a Roberto Langostino en Madrid.

—¿El Banco Santander?

Ella está ahora en Londres, con su hija Mónica y su yerno Juan, ambos biólogos bien considerados en el King's College, porque aquí no encontraron buen trabajo.

—No. Mi vibrador. Mi exconsolador.

Silencio espeso, porque Julia es muy púdica para estas cosas. Por fin:

—¿De verdad?

—He estado mirando en la sección *Wirecutter,* del *New York Times.* Recomiendan unos Langostinos de nueva generación muy prometedores. Hay uno que hasta tiene un agarradero para manos artrósicas.

—¿Y? —mi amiga, lacónica.

—Que en Amazon salen más baratos.

—¿Y? —insiste.

—Que en la misma página de los vibradores están los Black & Decker.

Se produce un silencio, seguido de una carcajada que taladra el canal de la Mancha.

Aquí, en Oviedo. Solita.

9
LA BAILARINA Y LA DANZA

Han muerto con pocos días de diferencia dos grandes periodistas que fueron compañeros míos en *El País*. Tanto para Ramón Lobo como para Bonifacio de la Cuadra se me acaban los adjetivos.

Me rebelo ante quienes defienden que envejecer no es perder, sino cambiar. Que se desmorone mi mundo y desaparezcan las paredes con las que empapelé mi madurez, esas firmas y esas columnas, esa información fiable. En los casos a que me refiero, además, el compañerismo, la ayuda y la bonhomía. Las risas. Ramón era de una generación más joven; Boni, de la mía. El uno falleció en olor de multitud, con la misma gracia con que vivió; el otro, con la sobriedad informativa que era uno de sus sellos de marca.

Últimamente, al producirse acontecimientos luctuosos relacionados con mi profesión, recibo no pocas llamadas y mensajes de colegas más jóvenes, aunque ya maduros: «Tenemos que vernos más», sería el resumen del sentido de sus acercamientos. Temen que sea la próxima en cascar, me río por dentro, al tiempo que agradezco el interés genuino, los sentimientos. Igual tienen razón. Nunca se sabe. Como dijo Serrat, que es de mi quinta, en uno de sus conciertos de despedida al que asistí en Madrid: guardad la entrada, que a lo peor es de verdad el último, y se os queda como recuerdo. Cuestión de añejas añadas.

Sin duda se producirán nuevos cambios insoportables antes de que termine este libro, y sin duda los seguiremos o seguiréis o seguirán soportando. Es para lo que servimos. Tirar para adelante, a pesar de la gentuza que sigue viva. Que esta es la derivada verdaderamente cruel a la que te conduce tu pensamiento cuando te dejas de hipocresías. ¿Por qué los muertos no serán otros, esas malas personas que amargan cuanto tocan?

Algo se remueve en cada despedida: otra vez el acoplamiento a un mundo, el mío, que parece un queso gruyer. «La parte buena es que allanan el camino», pienso. Te vas haciendo a la idea. «*J'arrive*», cantaba Jacques Brel a sus amigos muertos. «*De chrysanthèmes en chrysanthèmes, nos amitiés sont en partance*». Y terminaba diciendo: «No es que vosotros os hayáis adelantado; soy yo, que voy con retraso».

No cuesta nada imaginar, también en algún otro lugar de la galaxia, una dinámica redacción compuesta por todos los que se fueron.

Basta de morriña. Pienso en las nuevas incorporaciones, en las jóvenes amistades que he ido encontrando y que me ayudan a apuntalar este cuerpo tambaleante. Vitaminas. Muchos de ellos y, sobre todo, ellas, pertenecen a esta profesión. Trabajan en condiciones difíciles, pero no se arrugan. Tan preparados, tan puteados, tan fuertes. Lo sepan o no.

Cuando entré en esto del periodismo, hace casi sesenta años, sabía que no estaba preparada, que no tenía estudios. Solo escribía relativamente bien y poseía un entusiasmo indigno de otra causa.

Escribo ahora en la barra acogedora del restaurante El Loco del Pelo Rojo, al pie del Fruela, en el verano ovetense. Una señora se ha acercado a la barra y me ha dicho que al natural estoy mucho mejor que en algunas fotos de Google. Pero que en lo de Jordi Évole estuve muy bien.

Imagina: chica de veintipocos, iniciada de pronto en un periodismo de principios de los sesenta, de *pa su- cat amb oli* y bajo la dictadura; en un mediodía del futuro se te iba a acercar una lectora donostiarra de vacaciones, con el estilazo total típico de su lugar de origen, y te iba a hablar de que te había buscado en Google.

¿Google? ¿Qué será eso de Google, ahora que estoy entre ruidos de teletipo y con un conserje uniformado como el botones Sacarino, pero en más cutre, armado con una bandeja repleta de café para los jefes?

Sin estudios. Y ahí tienes la Underwood y unas pilas de papel de bobina cortado bastamente para que intentes pergeñar párrafos inteligibles. Sin saber a dónde te diriges, cómo va a acabar esto, pero sintiéndote inmensamente afortunada por haber podido abandonar las oficinas siniestras y encaramarte a una redacción en la que, creo recordar, todavía ponían escupideras en las esquinas para que los hombres echaran esputos mientras se rascaban los cojones y te evaluaban visualmente las tetas sin que nadie los reprendiera.

«¿Todo eso que llevas en el escaparate es tuyo?», me saludó, mirándome el escote, el primer director que conocí de aquel primer diario, franco-falangista, cuando aparecí en el hotel Ritz de Barcelona para cubrir la fiesta de un premio literario. Miré a la mujer, la esposa que, a su lado, no dijo palabra. Yo tampoco. Y me puse a trabajar, entrevistando de mesa en mesa.

Desde Oviedo, ahora mismo, vivo días de fútbol femenino y de anacrónico machismo, y comento con las mujeres estupendas que trabajan en el hotel Fruela, y en su hermano de enfrente, el Princesa Munia, la Gran Jugada Feminista que se está desarrollando, encarnada en la rebelión de Jenni Hermoso. Mujeres de todas las edades nos cruzamos en la calle con una sonrisa. Menos las *perludas*, esa especialidad local tan vetusta, de mujeres que parecen ir vestidas a todas horas para acudir al Campoamor a escuchar gaitas de gala. Se van quedando atrás, atrás, atrás. Son muchas más las que no tienen pinta de permitir que alguien las babee en la pechera; muchas menos, las que se prestan a ser cómplices de quienes lo hagan.

Atrás, atrás, atrás. No os acompaño en ningún sentimiento.

Cuando empecé en aquel diario (el periodismo vino después, fue un aprendizaje largo, una carrera hecha en la calle), mi entusiasmo podía con todo. Se acabaron los años de oficina y unos horarios y tareas que me condenaban al más mortal de los aburrimientos. Creo que, después, nunca me he aburrido. Si acaso, con algún maromo del tipo intenso, de esos que miran al techo, tumbados a tu lado como un cadáver de obispo virgen (esta imagen creo que se la he robado a Graham Greene), intentando fastidiarte porque el resto de la humanidad no reconoce su talento y unas cuantas personas ya conocen el tuyo.

Horas tediosas de mis años juveniles, profundamente ligadas a mis temporadas de sumisión. Sometimiento a trabajos rutinarios, horas muertas, jefes pomposos; el alivio de algunas travesuras, la hora de comer con alguna compañera (hola, Margarita), los vanos intentos de seguir una dieta para igualar la extrema delgadez de tal o cual modelo (las dietas son carísimas, y yo era pobre; por suerte, porque luego supimos que aquella esbeltez era anorexia; me libré). Los domingos en los bailes, esperando que alguien te sacara a la pista. El sopor de que, al final, alguien lo hiciera. Tan sudoroso y apurado, o más (oh, las hormonas) que tú.

Hay una estupenda película de Claude Chabrol (*Las buenas chicas,* 1960, con aquella burbuja viviente llamada Bernadette Lafont) que define lo que eran el hastío y la monotonía de mis años de trabajo de oficina y similares mucho mejor de lo que podría describirlo yo aquí. Las horas, los días perdidos. Las ganas de escapar. La juventud desperdiciada.

Sostengo que la vida me debe ocho años, y fueron esos, los que pasé haciendo aquello para lo que no había nacido. No es que lo lamente, porque me sirvió para ganar un poco de dinero, y sin dinero para sobrevivir ni siquiera germina en una mujer la idea de conquistar la libertad y la independencia. También me hizo ágil para distinguir los golpes de suerte que te pasan por encima y que, de nuevo cito a Serrat, solo puedes agarrar si te pillan saltando.

Así que soy una afortunada con ocho, o quizá diez años de retraso.

Esto que acabo de escribir se contradice por completo con la teoría del Tiempo que os he plantado en un capítulo anterior. Pero es que el verdadero abrazo del Tiempo y su valor solo lo apreciamos con la edad. Una vida, mientras se está construyendo, es un terreno movedizo en el que bailan inestablemente la inseguridad y la audacia de la juventud, abrazadas. Moverse es el verbo de los que empiezan. Moverse para avanzar hacia no sabemos dónde y tampoco cómo. Cuando eres un principiante, no te fijas en cómo pasa el tiempo, sino en cómo pasas el tiempo. Hacia el final, el Tiempo es todo lo que tenemos para disfrutar de lo que nos queda.

Cuando la suerte llegó y encontré por fin la danza en la que quería bailar y destacar, llevaba plomo en los pies y carecía de instrucciones previas. Lo único que sabía era embestir. Así fue cómo, embistiendo para sobrevivir y mejorar, aprendí unas cuantas cosas de la vida y de este oficio.

Uno, dos, tres. Mambo.

10
WHAT THE FUCK (O ¡QUÉ CARAJO!)

Es costumbre en muchos bares de Madrid poner como cortesía un pequeño bol con patatas fritas de bolsa. Las hay muy buenas: grandes, sensualmente onduladas, en su punto justo de sal. Esos pequeños obsequios me recuerdan las churrerías barcelonesas de mi niñez, en especial una que plantaba sus ruedas y sus intensos olores a noches de verbenas en la acera del Paralelo más cercana a la montaña de Montjuic, ya casi tocando la plaza de España. También me recuerdan, de cuando era niña, las cervecerías de la plaza Real, donde, entre las mesas, circulaban vendedoras de chips y de almendras metidas en sedosas bolsas de colores: los cuatro básicos, los del parchís.

En mi casa no se pasaba hambre. Nuestra pobreza consistía en soportar muchas deudas, depender del prestamista del barrio (que se ahorcó por desfalco), no tener con qué pagar si se presentaba una enfermedad inesperada, no poderle regalarle nada a mi ídem por el Día de la Madre. Comíamos cosas que llenaban y nutrían. Los lujos quedaban para la Navidad o para cuando, periódicamente, mi tío Amadeo, que nos cobijaba a mi madre y a mí con su familia, se sacaba mil pesetas cortando un traje o jugando al frontón. Con el tiempo, hubo dinero para pollo con champán Delapierre los domingos. Más adelante, canelones, encargados por mí al hotel Oriente de las Ramblas, y recogidos también por servidora unas horas más tarde. En una ocasión se olvidaron, pero les ofrecí una descripción tan implacable del individuo que había tomado el encargo (incluidos acné y bigote) que ya me estaba adelantando, sin darme cuenta, a una de las características que el buen periodista debe poseer: fijarse mucho.

De los alimentos de mi niñez me ha quedado el odio por ciertos platos (las gachas, en catalán conocidas como *farinetes,* los fideos a la cazuela con manchas de grasa y trozos de costilla de cerdo flotantes), pero también un profundo respeto hacia las legumbres y las verduras. No es la humildad o riqueza de los alimentos lo que me motiva, sino su mutua adecuación. Lo que entonces eran proteínas básicas me siguen entusiasmando: bacalao, caballa, huevos. Ahora son delicadezas. Hace unos días, Víctor Manuel y yo nos zampamos unas primeras setas de temporada con un huevazo encima, de esos que ponen las gallinas mientras escuchan a Mozart: por decir poco, apoteósicos.

Otra afición que me ha quedado de las recetas de la pobreza es mi cariño por las vísceras, tan necesarias entonces, por baratas y sustanciosas. Comparto mi afición por las entrañables entrañas con personas que tampoco olvidan las dificultades de su infancia: Ana Belén y, sobre todo, Víctor Manuel, que es un experto gastrónomo, además de un cocinero excelente. Aquellas proteínas necesarias son hoy manjares que pocos apreciamos, pero a los que esos pocos nos entregamos con esporádico deleite. Aparte del hecho de que siempre que coincidimos en torno a una mesa dejo que sea Víctor quien elija el menú, me gusta mucho rememorar gustativamente aquellos días en que acompañaba a mi madre al mercado y me quedaba extasiada contemplando los bodegones de tripas, hígados, criadillas y otros colgantes de interior. Los nuevos cocineros hacen hoy virguerías con ellos y los cobran como si fueran órganos imperiales. Quién me lo iba a decir. Bacalao, caballa, huevos. ¡Cuánta gratitud y reverencia siento!

Mientras escribo esto, sé que en la nevera me espera un túper lleno de *samfaina*, a juego con el bacalao desalado con el que acompañaré una porción. Y para mañana llamaré pisto a la *samfaina* (en mi paladar, pasaré de la costa catalana al interior peninsular; si me apeteciera viajar con el deseo a Francia lo llamaría *ratatouille*) y mezclaré el asunto con huevos revueltos. O con bonito de lata, depende de por dónde me dé.

Es muy importante mantener la memoria de lo que se ha comido, de lo que se pudo o no se pudo comer y por qué, como parte irrenunciable de la propia biografía. Así es como unas lentejas no solo se ingieren, sino que se leen (un paladar con memoria sabe separar y ordenar los ingredientes), se piensan, se pasean por la boca después de haberlas acariciado con la vista y agradecido con el olfato. Lentejas con verduras o con chipirones. ¡Hay tanto que añadir a las legumbres! Como soy una fanática del brócoli (con pasta corta, anchoas y *pecorino* rallado), en otra receta lo mezclo con alubias blancas y paso el conjunto por la sartén, con un hilo de aceite, guindilla seca y unos ajitos machacados.

Me gusta cocinar para mí. Me gusta ir a la compra en los comercios de cercanías, aunque al mercado de mi barrio, que está en cuesta, me da pereza, y allí o bien voy con mi amigo Edu para que me ayude, o bien decido comprar con Julia en el suyo, y así voy y vuelvo en taxi, y ella me aconseja. En las tiendas de mi calle siempre hay alguien dispuesto a colaborar con los bultos. Toda esta gente, a los que llamo «vecinos», estuvieron al quite durante los peores tiempos de la covid y mientras duraron los peligrosos días de la nevada Filomena. Una mujer de esta edad, que sigue manteniendo su independencia económica, pero que cada tanto (con frecuencia) experimenta una nueva merma física, necesita rodearse del comercio necesario para la supervivencia y de las personas que ayudan. Pan, verduras, quesos (y farmacia). Y vecinos.

Escribo esto casi a las cuatro de la tarde de un principio del corto otoño madrileño (frescura en el aire), que admite la idea acogedora de manjares calientes y sencillos. Disfruto mucho no respetando los horarios tradicionales para alimentarme. Me produce una plácida sensación de bienestar: comer cuando tengo hambre;

y, cuando no la tengo, no comer. Soy la pesadilla de un dietista, pero está bien que al menos exista un tipo de hombre que no pueda dormir por mí.

Por la mañana, mientras practico mis estiramientos y los ejercicios de piernas (en la cama: si me echara al suelo no podría incorporarme), pongo la SER y pienso en el día. Qué te duele hoy, cómo meas hoy, cómo legañeas. Miserias.

Y el estruendo del mundo.

Has descansado, tienes que escribir, mira tú, ya abren la frutería. Observas la descarga de productos, cómo se va enriqueciendo el escaparate, todavía traen buenas berenjenas y ya están empezando las setas; qué bien, las setas tienen de todo y todo es bueno para la salud, pero como te pases en la cantidad tu digestión puede convertirse en un concierto. Miserias.

Siento por los alimentos (la comida, los materiales de calidad, las sabias combinaciones, los benditos y variados sabores) y por las bebidas adecuadas una inmensa gratitud. Mis gustos en este sentido se configuraron a lo largo del tiempo, a lo ancho de un camino por el que pasé de niña anémica a madura viajada que en cada geografía encontraba nuevos alicientes gastronómicos. La verdad es que, yendo de un punto a otro, reivindico la entera cuenca mediterránea como el mejor fondo de cocina que he conocido. Esa elipsis que va de Algeciras a Estambul (los mejores platos del Mediterráneo Oriental, incluido Líbano, son los que dejó la cultura culinaria del Imperio otomano; tendrían otros defectos, pero la mala cocina, no), y que en mi imaginario tiene la forma de dos bellas berenjenas capicuadas. Berenjena. Ya lo dejó escrito Manuel Vázquez Montalbán: lo que nos une. Si tuviera que escoger un país en el que comer para siempre, os diría Italia. Los platos modestos, los de las tabernas o casas de comidas que en cada ciudad aún conservan las buenas costumbres de las madres y los trabajadores. En segundo lugar, España, y en los mismos lugares, que van quedando pocos, pero quedan. He hecho excursiones solo para encontrarme ante una menestra de verduras decente o un honesto estofado.

El primer placer sensual del día, a estas bajuras, reside en anticipar el desayuno. Por lo que os decía de los horarios propios, salvo los días en que tengo almuerzo fuera de casa, me he acostumbrado a tomar una especie de *brunch,* que me permite no comer hasta media tarde, en lo que podríamos llamar una merienda-cena. Mucho café, que puedo tomarlo porque mi tensión es tirando a baja, unas anchoas, que me vienen bien porque con el meo-meo pierdo sodio; yogur mezclado con queso, desnatados ambos (os recomiendo la marca Pastoret), tres aceitunas bien gustosas, una rebanada de pan bueno (ahora que el pan es tan bueno, Nora Ephron) con aceite (ahora que el aceite de oliva es tan caro: lo tengo en un altar) y, también puedo, sal en escamas. Ah, y un plátano para el potasio.

Luego me pongo a trabajar en la casa o a pensar (se puede hacer a la vez, como sabéis), que es una forma más cómoda de escribir; escribo (¡por fin!), sesteo, leo el libro o los libros que tengo entre manos (*Los fantasmas de una vida,* las punzantes memorias de esa gran escritora que fue Hillary Mantel) y a eso de las seis de la tarde me sirvo un té. Es decir, una merienda española y muy española: los restos del plato que preparé ayer (bacalao con *samfaina* hecha a mi manera, rápida: pimiento y tomates y un poco de ajo) para disfrutarlo en dos raciones. Una copa de vino blanco y toca ver pelis. O series. O volver a ver pelis y series. Las mejores. Porque, al paso que vamos, regresar al lugar de las buenas historias es mejor que llegar al de las historias nimias plagadas de relleno y chatas, planas, anodinas, huecas y banales. Parece que la nada me pide más adjetivos que la calidad. Normal.

Con el horario de comidas que acabo de contaros y su digestión en diván me voy a la cama mucho más ligera, si acaso después de un buen whisky, pero ya no de los ahumados que me irritan la tráquea, sino un irlandés. Era de Macallan, pero en la actualidad solo lo puedo tomar atiborrándome de Álmax. Ahora uso Jameson, que es muy bueno, y a buen precio (no se os ocurra subirlo).

Y así vamos.

Que conste que no puse berenjena en la *samfaina sui generis* de mi referido plato de merienda por dos motivos. Primero, porque la querida *betenjen* (en árabe libanés) requiere de un tiempo y unos cuidados que a menudo me dan pereza; cuando me pongo, me pongo, y puedo dedicarle una mañana. Y segundo, porque creo que disturba el sabor del bacalao.

Comer y beber con gente querida y con quienes comparto manjares y puntos de vista se ha convertido en mi mayor placer de estos años. Por fin he comprendido lo que quiso decir Marcello Mastroianni cuando, en su camerino de un teatro de París, en la primavera de 1984, me confesó la profunda gratitud que sentía por no tener que hacer nunca más de galán. Tenía solo 60 años, pero en los ochenta eso era ser ya mayor y, además, él había dejado de sacrificarse con la comida para dedicar su tiempo libre a compartir mesa con Fellini, Ferreri, Tognazzi y otros compañeros de juergas gustativas y de trapisondas cinematográficas. Estaba *rotondino*, lo que sentaba espléndidamente a su natural bonhomía.

Me gusta recordar esto y reconocerme ahora en su actitud. En mi tiempo actual me suda el coño lo que piensen otros de mi físico, siempre que cumpla con las leyes de la razonable buena salud requerida, la higiene personal indispensable y un aspecto agradable, lo que no pasa necesariamente por la talla.

Las mujeres de mi generación sufrimos la primera oleada de obligada anorexia camuflada de moda (porque la de Isabel de Austria era otra época, otra historia). Venía del llamado Swinging London de la modista Mary Quant, creadora de la minifalda, y sus abanderadas eran las modelos Jane Shrimpton (apodada la Gamba) y Twiggy, que pesadas juntas equivalían a un seno de Marilyn. Definitivamente, los cincuenta y sus formas redondeadas quedaban atrás, y con la autoproclamada liberación de los sesenta (en realidad, una rebelión generacional que se concretó en la monetización de los nuevos gustos y las nuevas tendencias, esta vez teniendo como clientela a los jóvenes), llegaron las dietas extremas. Las drogas, no solo ilegales, también las de farmacia. Todo lo que pide Carmen Maura a la implacable farmacéutica en *Mujeres al borde de un ataque de nervios,* por resumir, pero veinte años antes: había muchos más estimulantes de la energía y moderadores del apetito al alcance de las mujeres acosadas por las exigencias del mercado, aunque solo pesaran dos kilos de más.

En los sesenta, los médicos que nos adelgazaban, al menos en este país, no eran dietistas experimentados como los mejores de ahora, ni sentían la menor preocupación por nuestra salud. Salías de su consulta con una receta para Minilip y una nueva preocupación sobre las sombras de celulitis que amenazaban tu trasero, que el tipo, posiblemente con barriguilla pero con bata blanca, había vislumbrado tras haberte hecho quedar en sostén y bragas. Ah, la superioridad de aquellos empoderados varones. Cuando empecé a rechazar los complejos (cuánto sabemos, las mujeres, y algunos hombres, de complejos inducidos desde el exterior), pensé que me habría gustado poner en bolas a aquellos doctorcillos y señalarlos con un bastón con púas sus zonas menos apetecibles.

Cualquier cosa que te quitara el apetito tenía que ser buena. Y si perdías el apetito (y bastante alegría, de paso; aunque la euforia de las anfetaminas ayudaba), perdías peso, y eso a los hombres les gustaba. Les sigue gustando. Ya puede ser un tío bajito, rechoncho, o larguirucho y encorvado, miope o alopécico que, si tiene delante a una mujer que ejerce severo control sobre su dieta, se pone como tonto pensando que eso ella lo hace por el género masculino en general, es decir, en el fondo, por él.

Lo que nos gusta a las mujeres es que nos siente bien la ropa, y, cuando la dictadura del diseño la imponen monjes y monjas de la talla mínima, hay que reconocer que ni las tetas ni los culos ni las cinturas anchas se adaptan bien. La mejor maniquí para un diseñador de ropa es la Virgen del Rocío (dicho con todo respeto), que básicamente consiste en un palo y en una cabeza adorables.

Por fortuna, vivimos en tiempos mucho más flexibles. Mejor dicho, las mujeres de la vida real hemos conseguido imponernos, a pesar de todas las tonterías con que somos bombardeadas a diario desde la televisión y las redes, desde la publicidad y desde las ofertas turbias de gabinetes fantasma para plancharte los pliegues. Al margen de que cada una es muy dueña de hacer con su cuerpo lo que le salga del ficus, quienes hacen lo que quieren con lo que la naturaleza les dio pueblan nuestras calles y caminan por nuestras aceras vestidas como les viene en gana y luciendo cada una su palmito a su manera. Y con la talla en la que se sienten confortables. Me encanta verlas en *shorts*, avanzar con la frescura de su sonrisa y de sus muslazos.

Hice dietas esporádicas y espasmódicas durante muchos años. Era joven (lo fui hasta hace muy poco: unos quince años), quería lucir ropa, tenía que presentar libros y salir más o menos bien en las fotos. Follaba, o lo intentaba. Es decir, me debía a una Causa: la de no defraudar demasiado tiempo a demasiada gente con demasiado peso. Ahora que recapacito, la última vez que perdí kilos a lo loco fue en Beirut, por una bacteria ingerida no sé dónde. Perdí tres tallas y me puse cosas que no había visto en mi armario desde que abandoné este país, a los 63 años, en busca de más aventuras al otro lado del Mediterráneo.

Estaba francamente mona, qué demonios. Pero entonces hice un viaje a Italia (en 2008, con mi amiga, la periodista Irene Hernández Velasco, gran compañía romana) y volví a sentir apetito. Es más, sentí que me había abandonado la bacteria. De regreso a Beirut intenté encontrarla de nuevo, de un restaurante a otro, y con ella la desgana y la diarrea, pero no hubo forma. Regresé a mis redondeces naturales. Y en ellas estoy.

Son muy ricas las patatas fritas de Madrid, ya os lo digo. Y adoro el momento «WTF, colesterol» en el bar de enfrente, Los Rhinos. Levanto la vista de mi libro electrónico o de mi portátil y compruebo que, a esa hora, las mesas están ocupadas por gente aproximadamente de mi edad (el resto del día y de la noche pertenece a los jóvenes), que aguardan con ilusión a que nuestro caballeroso Ricardo les ponga en la mesa el cuenquito. Yo misma pido mis *chips* y uno mi cric-crac de masticación al sonido crujiente (y desafiante) que durante un rato se impone a las conversaciones y a los silencios.

Qué carajo.

11
SI LO HUBIERA SABIDO ENTONCES

Creamos recuerdos mientras vivimos. Si fuéramos conscientes de ello, tal vez nos recordarían más y mejor, el día de mañana. Pero es posible que no. Los recuerdos germinan en cada cual de distinta manera.

Pensé en ello esa última vez (por ahora) que estuve con Mónica y Javier en su casa cercana a Gijón. Al hablar con sus hijos, con Yeray, que caminó por primera vez viniendo hacia mí en su piso de Beirut mientras Mónica acudía corriendo desde la cocina; con Nur, la menor, que vino al mundo en la capital libanesa y que, ya en Bangkok, era una niña listísima, loca por el *glam* y con mucho sentido del humor, mientras su hermano se iba haciendo mayor y responsable. Al hablar con ellos ahora, decía, me preguntaba qué recuerdos guardarán de mí cuando ya no esté entre los vivos. ¿Los días de Bangkok, cuando íbamos a cines de lujo donde nos cubrían con un edredón y nos daban zapatillas, todo un aparataje que debíamos abandonar para ponernos en pie respetuosamente cuando sonaba el himno real antes de la película? ¿Se acordará Nur de cómo se reía la vez en que pedimos un taxi cuyo conductor resultó ser un listillo que nos tomó por turistas y quería llevarnos de *shopping,* y yo le contesté secamente: «Tira *p'alante* o nosotras te vamos a hacer *chopping*»?

Qué recordarán de esta tarde asturiana en que mi amado Yeray ha colocado para mí las toallas en la habitación de invitados, en que Nur ha establecido su criterio independiente para reafirmarse mientras cenábamos. ¿Seré la especie de tía locatis que aparecía por Bangkok dispendiosa, rompiéndoselo todo, riéndose a carcajadas e inasequible al desaliento?

Pienso en ello esta mañana de noviembre de 2023 en Madrid, y mientras escribo y al mismo tiempo controlo en la cocina cómo van los manjares sencillos (caldo, acelgas con patatitas, los restos de pisto con atún; en la nevera, descongelándose, cuatro gambas y un chipirón para hacerme un arroz mañana), mientras voy anotando y al mismo tiempo olfateando, suena el teléfono. Es Mónica.

Me doy cuenta, tontamente, de que no he personalizado el sonido de sus WhatsApp. Me dice: «Javier se ha encontrado a un palestino en un campo de refugiados en el Líbano y lo primero que le ha preguntado es: "¿Conoces a Maruja Torres?"». «¿Un médico? ¿Mohamed el Jatib?», le pregunto.

Resulta que sí.

Mohamed el Jatib, que fue una de mis fuentes desde que lo conocí en el campo de refugiados de Chatila, a finales de los ochenta y en numerosas ocasiones posteriores, resulta que se acuerda de mí. Treinta y muchos años después de habernos conocido, veinte años desde la última vez que nos vimos, se acuerda de mí. Mónica me envía la foto en la que aparece con Javier. Veo que Mohamed sonríe sin abrir la boca, por lo que deduzco que no ha podido arreglarse los dientes. Cuando íbamos a cenar a Junieh (territorio cristiano: el palestino, feliz de estar allí acompañando a una extranjera; él, que estudió Medicina en Zaragoza; él, que no tiene permiso para trabajar fuera del campo ni siquiera como mozo en este restaurante), evitaba cuidadosamente los pescados. «Es por las espinas, se me quedan en las encías». Lo recuerdo como si lo tuviera delante. El mar, la luna, las palmeras, los *mezze*, deslumbrantes de colores. Y el horror, la desesperanza de los campos de refugiados, a unos pocos kilómetros.

Le envío una foto mía, con todo mi cariño y con todos mis dientes. Y me da miedo ofenderlo con mi sonrisa, por algo tan poco significativo para nosotros: que yo he podido ir al dentista y él no.

Mi palacio de la memoria, ese constructo que organizamos para acordarnos de lo importante, no se compone de habitaciones amuebladas ni entradas con percheros ni de objetos, grotescos o banales que nos remiten al recuerdo que perseguimos. Son imágenes que a veces aparecen de repente y golpean como piedras, son también plumas que me acarician en la situación más inesperada, son socavones repentinos que me hacen trastabillar a solas. Corchos que afloran en la oscuridad, algunos a la deriva, otros dotados de consistencia.

También puede ocurrir que las imágenes, las evocaciones, den vueltas por mi cabeza como los enemigos de Supermán, atrapados en placas voladoras. Pura criptonita.

En realidad, mi palacio de la memoria lo forman materiales de derribo de mundos que conocí cuando era reportera y que ni mis crónicas ni las de otras compañeras y compañeros pudieron arreglar. Solo pudimos hacer aquello para lo que buenamente servimos: contarlo.

Días horribles, estos, desde la masacre perpetrada por Hamás en Israel y aprovechada por el Gobierno de Netanyahu para desmelenarse a sangre y fuego y continuar la limpieza étnica que, de una forma u otra, tanto Gobiernos progresistas como Gobiernos ultraderechistas vienen practicando desde 1947. La deshumanización paulatina a que han sido sometidos los palestinos, los que viven en la Cisjordania ocupada y en esa tristísima trampa sangrienta en que se ha convertido Gaza. Mientras escribo esto, el Gobierno matarife de Netanyahu sigue asesinando impunemente: nada es sagrado, ni hospitales ni escuelas, ni mezquitas. Mucho menos, los palestinos, reducidos a la condición de insectos a los que fumigar con regocijo. De la parálisis internacional ante la tragedia, mejor ni hablar. Los palestinos son pobres y están solos. Israel, en su ceguera de matón de la zona, nos arrastra de nuevo, como nos ha arrastrado siempre, desde la primera gran mentira pronunciada por los fundadores: «Una tierra sin pueblo para un pueblo sin tierra». Había pueblo en esa tierra, no eran usurpadores. La Europa que había exterminado a los judíos se sacaba de encima a los supervivientes, aprovechando un barbudo y ridículo mandato bíblico y pensó, igual que Estados Unidos, que era una buena idea tener un aliado armado hasta los dientes en el corazón de Oriente Medio. Otro Frankenstein creado por Occidente.

¿El futuro? Los que queden, ¿querremos que sean buenos y se porten bien? No tienen por qué. No nos hemos ganado ese derecho. Tampoco quienes llegaron al recién fundado Estado de Israel hace tantas décadas eran lo que se dice unos angelitos. Por el contrario, endurecidos por la tragedia sufrida o envalentonados por creerse los elegidos, se cebaron en los más débiles. Hay muchos libros que tratan de cómo el dolor convierte en verdugos a las víctimas. Y así sucesivamente.

Javier ha vuelto al Líbano porque allí viven refugiados más de medio millón de palestinos, distribuidos en campos dependientes de la UNRWA, esa organización de auxilio creada especialmente por la ONU para «garantizar el acceso a educación, sanidad y ayuda humanitaria y servicios sociales» a los casi seis millones de palestinos que viven en Siria, Líbano, Jordania y el territorio ocupado por Israel, es decir, Cisjordania y Gaza (estoy a punto de añadir lo que quede de estas tierras: porque mientras escribo la matanza se recrudece). Así fue como Naciones Unidas, después de regalarle la tierra palestina a Israel, quiso poner tiritas en la inmensa herida de los supervivientes, de los expulsados, de quienes huyeron porque no tenían más remedio y de su descendencia.

Es indecente. Y los periodistas que hemos trabajado en la zona, los que siguen haciéndolo y se sienten impotentes porque Israel no les permite realizar su trabajo en Gaza; y aquellos que ya estamos retirados, formamos ahora piña solidaria ante la tremenda injusticia a que se somete a los palestinos. Y al horror añadido de la matanza de periodistas locales, esa variedad de la profesión que tanto nos ayuda a los enviados especiales cuando aterrizamos para informar sobre la marcha. Masacres tras masacres. Frustración. Reacciones humanas aisladas, pero decentes. Decisiones políticas y guerreras obscenas.

Qué triste, que el Gobierno extremista de Netanyahu nos haya dado por fin la razón, exponiendo sin pudor alguno y a sangre y fuego sus verdaderas intenciones. Y qué extraña forma de justicia, por otra parte, que Hamás, que creció a los pechos del dinero del Golfo y de los israelíes, fortifique su imagen ante los palestinos (los que queden) y ante la calle árabe gracias a su descarnado asalto a las tierras del colono y a la despiadada respuesta de este. Qué semillero de odio. Recordad a Eric Bana, al final de *Múnich*; qué bien contó Spielberg el horror en el que la ocupación israelí se ha convertido.

De modo que, sin yo saberlo, Mohamed el Jatib se acuerda de mí en uno de los campos de refugiados del sur de Beirut. Hay lazos que enhebran a través de los mapas y el tiempo.

Mónica y yo intercambiamos muchos mensajes para consolarnos, sabiendo que no hay solución a la infinita capacidad de perversión del ser humano. Yo he visto cosas, pero ella y Javier han visto más.

De mi paso por los campos palestinos de Líbano y Cisjordania recuerdo sobre todo el olor a pobreza, tan similar (las aguas muertas en desaguaderos insuficientes) al Barrio Chino en el que crecí, y recuerdo la espalda en carne viva de un niño al que habían martirizado los israelíes atándolo a uno de los vehículos de vigilancia del recinto, encima del motor, y a las mujeres que se apretujaban a mi alrededor mostrándome la camisa ensangrentada de un muchacho muerto.

Por fin he encontrado en mi móvil una melodía dulce para acompañar los mensajes de mi amiga. Un tañido de arpa. Cada vez que suena me acaricia el alma. Y también es la música que en las pelis clásicas daba paso a los *flashbacks*, que es como llamamos a los recuerdos en lenguaje cinematográfico.

12
LA PALABRA Y LA VIDA

Desde que me convencí de que tenía que aprovechar el tiempo para escribir, me ha ocurrido algo inesperado.

Me he quedado sin tiempo. No en el sentido de la maldita Puerta final, sino en el literal. No dispongo de suficientes horas para tantas cosas como deseo hacer, como me proponen hacer. No remuneradas, placenteras cosas. Aventuras. Vuelvo a salir de noche: con amigos y con mucho cuidado para no romperme el fémur. Lleno mi agenda con cuanto me apetece. Selecciono, claro. ¿Cuándo no lo hice?

Travesuras que surgen de repente. Entre tanto, observo de reojo el ordenador. Ya voy, le digo, ya voy. No seas impaciente. Todo llegará.

Pero resulta que ayer recibí un mensaje de Luis y Jim: «Queremos comer contigo de nuevo, antes de que Jim regrese a Estados Unidos».

Volví a mirar al ordenador:

—Elijo la vida —le advierto en voz alta.

Los conocí inesperadamente a finales de noviembre de 2023 en el Círculo de Bellas Artes. Salía yo, remugando, del restaurante, porque me apetecía comer en La Pecera, a esas horas repleto. Tras recibir el impaciente «estamos llenos» de la persona encargada de colocarnos, intenté abrirme paso entre el gentío que esperaba turno. De repente, me di de bruces con una sonrisa. El rostro amistoso de un caballero maduro y con bastón (digamos, de mi edad), seguido del rostro (quizá un poco más maduro) de otro caballero, que se ayudaba con un taca-taca rojo llameante al que, más tarde, él definiría como «el Rolls de los taca-taca»: tiene derecho a ese lujo porque, en una de sus vidas, sirvió en el Ejército de Estados Unidos, creí entender que en una base alemana. Ambos lucían jerséis de colores atrevidos, bien combinados, prendas que parecían actuar como campanillas rejuvenecedoras. El desconocido número uno me identificó, sin dejar su sonrisa: «¿Eres Maruja? ¿No tienes mesa? ¡A nosotros nos falta un comensal!».

No dudé en seguirlos.

Y así fue como inicié una de esas tardes incógnitas que tanto había ejercitado en mi juventud, animadas por encuentros improvisados con personas desconocidas, horas que no sabías en qué iban a desembocar. Por entonces éramos así. No me atrevo a asegurar que mi generación, pero sí los míos. Y mis míos eran muchos. Podías empezar la noche con un par de escritores y sus esposas y un tercero que no sabías bien quién era, y al final no estabas segura de cómo amanecerías. Ni dónde. Una vez, ya lo conté en *Mujer en guerra,* creo, desperté en mi apartamento con dos empleados de banca en la cama. No los había visto en mi vida, ni los volví a ver. No olvidaré, sin embargo, que corrimos el peligro de que la estufa de butano se apagara y me quedara allí, tiesa entre los dos, como un monumento a la folladora con desconocidos.

Eran otros tiempos. Sin condones, sin plagas. Con píldora anticonceptiva traída de Francia o de Andorra. Con unas ganas locas de pasarse por el forro las convenciones, las prohibiciones, la moralina franquista, la correa nacionalcatólica. ¿Y las enfermedades venéreas? Penicilina. En toda mi juventud solo pillé un par de veces las molestas tricomonas. Y nada más: no hay castigo divino para las pecadoras, hermanas, que vamos a todas partes.

¿Os escandalizo? A mí me escandaliza observar en mis contemporáneos una tolerancia mucho mayor hacia la violencia que hacia el sexo libre, gratuito y mutuamente elegido. «Haz el amor, no la guerra», proclamábamos nosotros. La segunda parte no funcionó (no nos hicieron caso, igual que ahora), pero, en cuanto a la primera, estuvimos bien servidos. Lo cual no sé si en estos días ocurre, pero qué más da. El orgasmo, para quien se lo trabaja.

Una joven y atractiva compañera de trabajo, hija de un político progresista y tirando a adúltero, me reprochó hace años: «Vuestra generación solo pensaba en follar». Me quedé reflexionando acerca de lo que habían logrado los y las folladoras de mi juventud: las editoriales y películas, los libros, las y los fotógrafos, los dibujantes de cómics *underground*, los periodistas y escritores que hicimos cosas, aparte de pasárnoslo bien con el asunto. Creo que la señorita en cuestión, que iba muy tapada, pero era una calientapollas, llegó a dirigir una multinacional. Cada cual es cada uno.

* * *

Escuchado en el bar donde ahora escribo. Una muchacha besa a otra y le entrega un paquetito:

—Te he traído un regalo, creo que te gustará. ¡Está bendecido!

Casi se me ataganta el vino blanco.

Regreso a mis improvisados amigos, con sus jerséis de vibrantes colores que daba gozo verlos. La Pecera olía gloriosamente a menú: lentejas. La ninfa esculpida en su lecho marmóreo, que tanto me recuerda a las estatuas de Clarà y Llimona dispersas por mi ciudad natal, parecía echarse una siesta después de haber zampado en el primer turno. Rodeada por la algarabía de comensales vivientes.

Mi blanca aventura con Luis y Jim resultó perfecta. El primero es un escritor que tiene a gala no publicar nunca lo que escribe, y el segundo, un artista del diseño, un esteta nacido en Illinois, pero con actual domicilio en Los Ángeles, y que en su juventud creó escaparates para los grandes almacenes de la neoyorquina Quinta Avenida; ahora dibuja sin parar y guarda sus obras en cajas.

Dos tipos con clase, dos bohemios de mi edad, que han disfrutado lo suyo, de su amistad, de sus viajes. Y allí estábamos, hablando de Andy Warhol y sus contemporáneos. Jim flipó cuando le conté que había entrevistado a Joe D'Allessandro y Udo Kier cuando, bellos ángeles caídos, rodaron en Barcelona películas muy olvidables.

Habíamos terminado de comer y tomábamos café y copas en el saloncito adyacente, a espaldas, pero sin dejar de escuchar el ruido de platos, cubiertos, voces y risas que llegaba del comedor. Abarqué con la mirada el local hasta la cristalera que da a Alcalá, un fresco viviente de cabezas y narices y bocas y ojos diferentes, de expresiones diversas, de palabras que se disparaban contra la bóveda y descendían sobre nosotros como confeti.

Pensé que todos éramos únicos. Y que encontrarme allí, con mis dos interesantes desconocidos, valía por un par de párrafos.

Al final de la tarde subimos a la terraza del Círculo, el bar empezaba a llenarse de gente joven, los tres mayores cantábamos como una almeja olvidada. Nos daba igual. Habíamos subido para enseñarle a Jim la diosa Minerva que preside el edificio. Esas estatuas gigantescas que salpican la zona son, estéticamente, lo mejor de Madrid en el género artístico-sobrecogedor. Luego están los barrios que aún van quedando sin morder por la gentrificación, los tejadillos rojos, las pequeñas tabernas con viejas sillas Tonet, las librerías que resisten, las torres herrerianas de iglesias y conventos. Por eso, y por mucha gente (todavía), Madrid me merece la pena.

—Tengo un problema con los zapatos —dijo Luis.

—Pues te recomiendo los de Zapaoso, en Bravo Murillo, que van muy bien para perjudicados como nosotros. Cómodos y bastante potables, para ser alemanes. Pregunta por Eva, es un amor.

Una locura de tarde, ya os digo.

Chocamos bastones, Luis y yo, mientras Jim sacaba fotos de Minerva. Cuando abordamos el ascensor para descender, una oleada de jóvenes vestidos de futurismo o envueltos en pijismos nos pasaron por delante sin siquiera mirarnos. Salvo una chica. Una, que nos sonrió con ternura. Espero que tuviera una buena noche. Y los otros también, qué demonios.

Cuando volvemos a vernos, ya premeditadamente, respondiendo a su invitación en un restaurante de Chueca, Luis y Jim me deslumbran de nuevo con sus radiantes jerséis y su conversación cosmopolita.

—Volveremos a vernos —nos decimos.

«Eso no lo sé», pienso, mientras me niego a que me acompañen a casa en el taxi, a pesar de su amable insistencia.

Saludo y me voy.

Las despedidas me gustan en seco.

13
LA EDAD DE LA PEREZA

Llevo días a vueltas con este libro, ya os lo he dicho, peleándome conmigo misma, paralizada, culpabilizándome por la inmensa pereza que me produce trabajar. Agarro el ordenador y me dispongo a ello, pero, aunque no tenga nada que hacer (ni citas médicas ni de las otras que, desde que salí en *Lo de Évole,* abundan), ahí está el Mahjong de los cojones, guiñándome las fichas. Bueno, me tranquilizo. Si gracias al solitario compruebo que mi inteligencia sigue alerta, es señal de que puedo con la escritura. De inmediato me pregunto para qué me sirve saber que mi cerebro funciona si este no me ordena ponerme a la labor.

Estás en la Edad de la Pereza.

Aceptaste escribir algo más largo que los tuits o la columna radiofónica semanal porque te conquistó quien ahora es tu editor. Fuiste a comer con él firmemente determinada a contarle tus razones para no dar golpe, y al segundo plato yacías a sus pies, arrebatada por su entusiasmo y también porque te pareció una buena persona, un joven no tan joven, responsable y algo melancólico. Y, además, cinéfilo de fuste.

Tienes que reconocer que escribir y *cantar* «La Mirada» semanal para *Hoy por Hoy* te sacudió, y para bien. Ibas en taxi cuando recibiste el mensaje de Àngels Barceló:

«¿Crees que te apetecería hacer una columna semanal? Si quieres, hablamos».

«Ay, qué emocionante. ¡Estoy en la calle!».

«Pero ¿es un sí?».

«Es un "qué miedo". Y un "hablemos"».

¿Volver a contar para el exterior? Tuve que compartirlo con la taxista, una buena conversadora que precisamente llevaba puesta la SER. «No lo dude», me dijo. Como me quedé con su teléfono por si la volvía a necesitar, después de la primera columna me envió un mensaje de aliento. «Todo empezó en su taxi», le agradecí.

O sea, que me lancé en plancha y comprendí que lo único que necesito para funcionar es que alguien me mande, y me mande bien. Dure lo que dure, La Mirada para Àngels me ha dado vidilla. Y tengo una existencia virtual y cariñosa con quienes están detrás de la directora. De la Underwood y el papel de bobina a la aplicación en la que grabo desde mi casa. Casi sesenta años de cambios y adaptaciones periodísticas.

Aunque, maldita sea, estoy en la Edad de la Pereza, dejadme en paz.

Maravillosa palabra, *pereza*. Parece perecer, pero remoloneando. Perecer a pocos, a pedazos. Perezosamente.

En catalán es *mandra*. El *diccionari* también indica: *peresa, manca de ganes de fer res*. Pero lo que siento, más que falta de deseos de hacer nada, es un ardiente interés por disfrutar no haciendo lo que no hago. Es decir, *mandra* como una manta vieja y cariñosa envolviéndome mientras *pereceo* hasta perecer sin que me lo parezca. *Mandra* como un mantra que impedirá que se me acerquen los capataces.

Es un estado de ánimo cuya definición suena bien en los idiomas que más o menos escudriño.

Lazy, en inglés, es un desplegable muscular, como mis estiramientos de la mañana: buscad el gatuno número musical de Marilyn Monroe, en la sosa (pese al inconmensurable reparto) *There's No Business Like Show Business.* En italiano, *pigrizia* suena como una pereza saltarina, pícara, escurridiza. En árabe, *alkasal* sugiere un alivio estomacal que predispone a una larga siesta; en alemán, *faulheit* indica una fantasía fáustica de la que despertarás, afortunadamente, a hora fija.

El premio grande va al idioma francés. Se ganó en el siglo XIX, gracias al libro de Paul Lafargue, el derecho a la palabra *paresse,* enarbolada contra la mitificación de los valores del trabajo. Y en los setenta del siglo pasado revalidó esa supremacía gracias a un juglar meteco (griego de Alejandría, francés e hijo de todas las buenas leches) que cantó, precisamente, *Le droit à la paresse.* Ay, Georges Moustaki, qué guapo eras. Tuve un novio que se te parecía, menos en el éxito. Murió de pereza.

Porque hay perezosos así, personas que no se atreven a equivocarse, que no se echan para adelante, que no desafían el abismo que puede o no puede abrirse a sus pies si osan dar un paso con los ojos cerrados. Personas que te miran y ves en su mirada un «adónde va esta, quién se cree que es». Un «si yo hubiera querido, yo sí que valgo». Y en el fondo solo practicaron pereza de la mala, pereza del miedo.

Intentad pronunciar *paresse* como indican los diccionarios de francés en internet y os vendrán a la mente recuerdos lúdicos y lúbricos que os dejarán catatónicos. Tú misma, siendo joven, en casa de un amigo, en el barrio de Gràcia, en Barcelona. Tumbada en un sofá ejerciendo la *mandra* y el amigo (ya difunto, otro: por eso lo cuentas), con un solo dedito y subiendo desde el pulgar de tu pie izquierdo, te llevó lentamente hacia el paraíso. Quieta perdida y el Niágara irrumpiendo.

Me libré de la ingratitud del mal trabajo, de una existencia estropeada por la explotación y la desigualdad, del expolio del bienestar que sufren las personas mayores que no han tenido la oportunidad de envejecer con holgura económica. También hay quien tiene posibles y no ha sabido disfrutar nunca. Busco en la estantería, entre mis piedras de Oriente, un canto para darme con él en la dentadura, aunque con cuidado para no fundir las costosas fundas. La suerte, sí, la suerte que he tenido.

En cuanto a la pereza, es como la rueda. Siempre ha estado ahí, pero la aprecias cuando verdaderamente te rinde servicio.

Llevo un par de páginas intentando explicar por qué no quiero trabajar en lo mío, que es escribir y buscar palabras y datos y escribir; y, para ello, no he dejado de buscar palabras y datos, ni de escribir.

Así que no toméis demasiado en serio lo que os he contado. Ni demasiado en broma. El hecho es que, mientras salen estos párrafos, he puesto un par de lavadoras y he recuperado, hirviéndola en lejía, una cazuela (la mejor que he tenido en mi vida), que ayer se me quemó con un caldo dentro porque se me fue la olla (la única que poseo) hablando por teléfono con amigas. Este trajín doméstico, al tiempo que me reto (en la segunda acepción de la RAE: me reprendo) porque no trabajo lo suficiente, es la prueba incontestable de que una puede vivir (y escribir) con y de sus contradicciones.

«Espero un libro tuyo que me enseñe a hacernos mayores», me dijo un conocido, uno de esos amigos que intervienen ocasionalmente en mi vida para recordarme que no he escrito en vano durante tanto tiempo, que hay quien me recuerda y me valora, benditos seáis. Me dije que quién soy yo para dar lecciones. Añadió que, si quería, podía ayudarme cuando tuviera dudas. Me dije que prefiero equivocarme sola. Como he hecho siempre. Si hay que dar un paso más allá, se da. Si te caes, te levantas.

La pereza, la rueda: el carrito de la compra, las maletas. Cómo aprecias esos objetos de ayuda, esas facilidades. Soy hija de la inmigración que llegaba a la estación de Francia arrastrando maletas de cartón atadas con cuerdas y bajaba del tren con el rostro del sur escurecido todavía más por la carbonilla; familias numerosas que saltaban de los vagones de tercera, con malolientes tablones y estrechas literas, recelosas bajaban las viejas, con refajos y pañuelos negros en la cabeza, con delantales vitalicios cubriendo la ropa principal, pegados siempre a la ropa, el uniforme del servicio, del trabajo doméstico, del no parar e ir metiendo en los bolsillos del delantal cuanto pudiera resultarles útil. Siempre que veo el inicio de *Rocco y sus hermanos* pienso en ellas, las abuelas; pienso en ello también cuando naufragan pateras o cuando devolvemos a quienes persiguen lo mismo que quisimos o quisieron los nuestros.

Te habría gustado, lo piensas ahora, ponerles un magnetófono de los de entonces (grande) a la abuela a quien no conociste, a la madre a la que sí, pero que no recordaba (no quería recordar) más que sus éxitos juveniles con los chicos (cuando la República), su cinturita y lo guapa que era en comparación conmigo. Y, encima, yo sin República, me jodía admitirlo para mis adentros.

A mí el pánico a viajar (después de haber viajado tanto, parece un bolero) de mi frágil vejez me lo quitó la rueda. Le he pillado el punto al AVE y lo mismo lo uso para regresar a Barcelona (merece otro capítulo) como para volver sola desde Asturias después de empezar el año en los Picos de Europa. Le he cogido el tranquillo, también, a los servicios de asistencia de aeropuertos y estaciones. Besaría el suelo que pisan sus empleados, si pudiera arrodillarme para darles las gracias. Aunque preferiría que les pagaran mejor y contrataran a más personas, que van muy apurados.

Le cogí el truco hasta al bastón, que fue lo primero y lo más humillante con lo que me enfrenté, aunque lo de los zapatos alemanes con plantillas tampoco estuvo mal, considerando lo sobrios que son los fabricantes. Reconozco, no obstante, que al pertenecer al grupo, creo que numeroso, de mujeres que nos opusimos a los tacones de aguja, el sacrificio ha sido menos costoso. Siempre pensé que los *stiletto* son ideales para el sado-maso, no para caminar.

El bastón, decía: humillación, vergüenza, el qué dirán tan socorrido por las antiguas (mi madre: «En mi familia nunca nadie ha necesitado gafas». Se daban contra las paredes, supongo). La admisión del principio del fin, eso era el bastón. No importaba con cuántas férulas y muletas había practicado antes el arte de manejar el *cojerío*. Hay un momento (aquí, acorde dramático) en que ya nada es provisional. Y te das cuenta de que lo que viene es lo que viene (asistencia para viajar, taca-taca, silla de ruedas eléctrica tipo moto y cuanto sea preciso) y de que o asumes que tienes que afrontarlo o sales a la calle disimulando, patéticamente aferrada al carrito de la compra. Total, qué más da, si somos invisibles.

—Para esto soy como los americanos —me aconsejó la incombustible gran reportera de RTVE, Anna Bosch—: aprovechar todo lo que se invente para no dejar de moverme y dar la vara.

Gran consejo (me lo dio mucho antes de que irrumpiera en mi vida el envidiable Rolls taca-taca de Jim).

Como carácter es destino, decidí echarle arrestos, desprenderme del bastón ortopédico que me habían recomendado, de un color negro seco que yo, animosamente, pinté con restos de laca para uñas en rosa y rojo, y pasarme para siempre al cayado asturiano, un buen garrote de madera de... Puntos suspensivos, no hay remedio: viene un inciso *whatsáppico*:

«Edu, ¿cómo se llamaba el pueblo donde compré el *cayau*?»

«Lo compraste en la tienda del Mirador del Fitu» (adjunta enlace de página turística del precioso enclave).

«¿De madera de qué?».

«Creo que era roble».

«No me suena».

Minutos después, Edu:

«No te rías. Mamá Marta: "¡El roble ye duru, será castaño... la forma del cayau manda!". Tío Javi: "Arce o boj, creo". Jerónimo Granda (cantautor): "A gran película, España huele a eso". Papá Nicasio: "Puede ser de fresno o avellano". Tú misma».

«¡Fresno! ¡Ahora recuerdo que fue lo primero que dijo tu padre sobre el terreno!».

La familia Mesa-Galán, o viceversa, merece capítulo aparte, pero eso entrará en el de Asturias y lo que esa tierra me da.

Viajar ya no me produce inseguridad. Confío en las redes protectoras.

Conversación con Julia:

—Unos amigos me regalan dos billetes de avión de ida y vuelta a Roma, por mi cumple. ¿Nos vamos?

—Claro.

—Me preguntan si llevamos equipaje de mano o facturamos maleta.

—¿Y?

—Les he dicho que facturamos y que necesitamos asistencia. Con dos sillas.

De ruedas, naturalmente.

14
UN LIBRO QUE HABRÍA QUERIDO ESCRIBIR

Lo presenté ayer, con mi colega Íñigo Domínguez (una generación de periodistas: la de cuarenta y tantos, todavía con trabajo), y su autor es un gran reportero, Bru Rovira (otra generación: la de sesenta y tantos, víctimas de un ERE cuando aún tenían mucho por dar), y yo allí, entre los dos, como una reina laica, de la tanda de colegas a quienes los despidos y los desplantes nos pillaron ya hechos, ya consumados aunque no consumidos, y, por tanto, con menos dolor y melancolía por lo que ya no es, pero que nos quiten lo *bailao*.

Fue en la legendaria librería Méndez, de la calle Mayor, reducto imbatible de los libros impresos, un refugio en el Madrid arruinado por la carroña populista de las cañas y el cómete lo que quieras, literal y figuradamente. En la Méndez, su librería preferida, recordamos al vecino Ramón Lobo y le dedicamos el acto: de la generación de Bru Rovira, otro que fue devorado por los señoritos que despiden a los buenos reporteros porque les salen más caros que los cachorros. Ay, Ramón, que estás en un país sin cobertura, ese al que se va la gente interesante.

Reunidos como una secta secreta (la hermandad de quienes todavía leen libros en papel, que diría Rovira), apretados dentro del local, arropados por amigos, por compañeros del gremio. Cuánto agradezco los abrazos que me llegaron de personas del periodismo con las que he compartido mucho, por no decir todo. Y cuánto envidio a Bru por haber escrito un libro que habría querido escribir yo. Pero aún no he dicho por qué. Lo proclama el título: *Matar al director*.

A decir verdad, a los directores a quienes en algún momento deseé fulminar ya les di matarile moral hace mucho tiempo. Lo cual no impide que, si me los encontrara, se me iría la mano para abofetearlos convenientemente, por el daño que han hecho y siguen haciendo desde sus respectivas covachas.

Por suerte, no frecuentamos los mismos antros. Así mis manitas y mis anillos no sufren desperfectos al estrellarse contra el cemento armado de sus jetas.

Leo hoy a Natalia Junquera: un trabajo sobre el peligroso revisionismo histórico que pretenden colarnos, y que gran parte del personal acepta, de que el franquismo no fue tan malo, e incluso que resultó una gran cosa para este país. Y pienso en lo mucho que han ayudado a esta sinrazón esos desvaídos jinetes de lo retro, cabalgando hacia atrás en sus jodidos pencos mientras intentan convencer de que adelantan, de que lo suyo es lo moderno. En el fondo, lo de siempre: ser de derechas resulta más rentable. Sobre todo, ahora que se está imponiendo en el mundo el capi-canibalismo en vivo y en directo, y que dar dentelladas sale gratis.

La protagonista de *Matar al director*, Matilda Serra, es una exreportera que, decepcionada, trabaja como subinspectora de los Mossos. Solté una carcajada al leerlo porque, en mi opinión, es un sarcasmo extra de Rovira (Matilda es él, naturalmente) que una periodista prefiera ser policía. Además, su grupo forma una especie de sección de periódico: investigación, de esos que buscan la verdad y, la encuentren o no, van contando en qué nos estamos convirtiendo. Hay más calidez en esos policías que en las redacciones de hoy, que por fortuna no frecuento, aunque me narran. Oh, sí, me narran.

Quizá por eso los periodistas que nos encontramos anoche en la librería Méndez nos achuchamos tanto. Porque inconscientemente sustituíamos con nuestros frotamientos el deseo de disfrutar de una redacción como las de antes, con su tufo, sus mierdas, sus puñaladas traperas, sus pisotones; pero, ay, querida gente, también con su glorioso calor de hogar, de guarida donde cobijarse de la intemperie de la realidad, abierta las 24 horas, los siete días de la semana.

Cuando llegó el turno de preguntas de los asistentes no faltó la persona joven y esperanzada que ha estudiado para formar parte de este oficio. Respondimos amablemente, pero, en el fondo, creo que los de la mesa pensábamos lo mismo: a cada cual, lo suyo. Nosotros tuvimos nuestras luchas, vosotros tenéis que descubrir cuáles son las vuestras. El algoritmo, por ejemplo.

Nunca faltan luchas. Ni periodistas. Veremos qué ocurre con las empresas, consorcios o contubernios del presente y el futuro.

Matar a un director podría hallarse entre los objetivos de una antigua periodista como yo. Si juego con la idea me aboco a que, a tono con el título de este libro, más ganas de vivir me entren. Y no sé si podré soportarlo.

Aquí, emoticono de amplia carcajada.

15
SOY NÓMADA, SOY BARRIOS

Escribo inclinada sobre una mesa que adquirí hace casi cuarenta años. Es pequeña. Me levanto para medirla. Pensaba hacerlo a palmos, como me enseñó mi madre, pero el periodismo marca a la hora de dar el dato, y voy a por el artilugio, antes flexible y ligero, que colgaba de su cuello porque era modista, y que siempre he llamado *metro,* mida lo que mida. Ahora es rígido y pesado, metálico, se enrosca solo como una serpiente, y sale disparado en cuanto tiras un poco, qué antipático. Guardado en su estuche pesa tanto que podría llevarlo en el bolso y utilizarlo como instrumento de autodefensa contra patinadores antiviejas.

La superficie de la mesa mide 35 centímetros de profundidad por 100 de anchura. Poca cosa. Es una mesita. Es de conglomerado; las patas, no sé, pero resisten mucho. Con el tiempo se ha ido rajando la cubierta de chapa pintada de un precioso color verde bosque, y no ha sido posible repararla. Tiene grietas, arrugas, manchas perennes. Como yo. Me ofrecieron soluciones que la traicionaban, inventos que no le correspondían. Telas sintéticas que ella no merece, verdes artificiosos, degradantes. Si a mí me diera por estirarme la cara y esconderme el sobrante detrás de las orejas, sujeto por una pinza, obtendría un resultado parejo.

De modo que la estoy dejando hacerse mayor conmigo. Durante mis años de viajes, que fueron muchos, a lo largo de mis mudanzas incontables, la mesa siempre me esperó. Bien como mueble apañado para una entrada, con un buen jarrón encima, bien cubierta por un paño bordado y cuidadosamente elegido, bien como auxilio de última hora en el salón, el comedor o la cocina. Me esperaba en cualquiera de las viviendas fijas que utilicé en Madrid y Barcelona. Sigue conmigo, decayendo a mi ritmo. Ahora la utilizo, adosada al ventanal que ocupa casi toda la pared, para desayunar y ponerme al día de noticias y redes; y, a continuación, para mis escritos. Me voy por ahí con la cabeza mientras una especie de radar me informa de lo que pasa en mi tramo de calle. Mi barrio de hoy.

Una nómada como yo necesita poca cosa para sentir un ancla.

Vi hace poco un documental sobre Omar Sharif en el que se cuenta que, al morir, todas sus pertenencias cabían en dos maletas. Fue un vividor, un solitario que pasó sus días de un hotel a otro, de un torneo de *bridge* a una carrera de caballos. En la voz de su hijo, al contarlo, había un deje de compasión y un poco de la ira que le causaba haber sido abandonado por una carrera en Hollywood. En cambio, en las palabras de su nieto, que solo había percibido la parte amable de su abuelo, además de comprensión y cariño se revelaba una infinita gratitud porque cuando el muchacho salió del armario (en Egipto: tuvo que huir, claro), Sharif se mantuvo firme a su lado y lo defendió públicamente. También se manifestó a favor de los jóvenes rebeldes de Tahrir (los veía desde su habitación del hotel Semíramis, que tanto frecuenté en mis viajes a El Cairo; don Omar sudaba en el gimnasio, me cruzaba con él al ir a la piscina), y sintió un enorme desaliento cuando aquella lucha terminó allanando el camino a un Gobierno de los Hermanos Musulmanes, que tampoco duraron mucho. Falleció de Alzheimer, y lo hizo con rabia, sin querer reconocer su enfermedad, dificultando su medicación. Como un jefe de tribu insurrecto que ha olvidado dónde se encuentra el pozo del que da de beber a Peter O'Toole.

Dos maletas, un par de pasiones mundanas, algo de corazón y un poco de misantropía. De una habitación de hotel a otra, de un país a otro, de un año a otro. Quien crea que eso es peor que una mansión en Malibú con césped color de plástico no tiene idea de en qué consiste la vida.

Consumirla, gastarla.

* * *

Inesperadamente, me invade una congoja que conozco bien y que me hace estallar en lágrimas. Se manifestó por primera vez durante los meses de la covid, más por lo que iba sabiendo (personas de mi edad, sobre todo mujeres, que duramos más, abandonadas a su suerte en las residencias: mis maldiciones sobre las y los responsables) que por lo que temía: que me pasara a mí. Irte enterando de gente conocida que ha sucumbido o que lo ha pasado muy mal, o que ha perdido a los suyos.

Llorar de repente, porque una palabra o una música te rasga un nervio. Eso fue nuevo. Empezó entonces, ya digo, y sigue.

Cuando me preguntan cómo estoy, suelo responder: «Personalmente, bien; internacionalmente, muy mal». Enterarse de lo podrido del mundo, nada más despertar, es lo que tiene. Acostarse sabiendo que el horror continúa, es lo que quita el sueño.

Hoy ha ocurrido porque me ha vapuleado el recuerdo de una canción: *Omar Sharif,* del musical *The Band's Visit,* basado en una película israelí donde un conjunto de músicos egipcios que van a tocar a un pueblo de Israel se pierde en una aldea, tierra de nadie. Pasan allí una noche contándose, visitantes y locales, sus penas y sus esperanzas. «*Umm Kulthum and Omar Sharif / came floating on the Jasmine wind / from the west, from the south / honey in my ear, spice in my mouth*», canta una mujer judía, recordando sus sábados y domingos de adolescente alimentada por la cultura popular árabe, a la que no podían detener fronteras cuando la poderosa voz de Umm Khulzum y los ojos brillantes de Sharif trasladaban romances de película de una tierra a otra. Para mí, la mejor versión es la de Katrina Lenk, cantada con emoción sublime al director del grupo musical egipcio encarnado por el actor, de origen libanés, Tony Shalhoub. Si no la conocéis, no podéis perdérosla, está en YouTube. Y tal vez también os haga llorar.

Sin odio, sin matanzas, sin limpieza étnica, sin niños aniquilados, sin madres muertas. Esa hermosa canción cuánto dolor evoca, escuchada ahora.

* * *

Retoma el hilo, Maruja.

Las personas poseídas por esa ansia de *nomadear*, cualquiera que sea nuestro oficio o nuestro beneficio, no deberíamos comprometernos. Ni prometer. Ni reproducirnos. Es la única forma de no defraudar. Cruzarse en los caminos, disfrutar, despedirse. No engañar y, sobre todo, no engañarse. Cuando te enfangas en la mentira de un pacto que no puedes cumplir por mucho que lo desees, te haces daño y eso te vuelve mala. O malo.

En lo que a mí respecta, no hay nada mejor que saberse, sentirse, de ninguna parte. El gen levantino, siempre presente: de las Columnas de Hércules al Creciente Fértil, de Barcelona a Tiro pasando por Alejandría y Beirut. Pero siempre va del brazo, inamovible e inmutable, del gen nómada que heredé de mis ancestros emigrantes. Soy de donde me quieren, pero tarde o temprano me largo a otro lugar donde, otros, me quieren también.

Largarme era lo que me definía. Viajar, sentir que un «para siempre» es un «ahora», gozar de la eternidad de sentirse de un barrio, de una pequeña tienda, de una farmacia, de un bar. Los tuve a puñados. Y siempre hice cosas en ellos. Es decir, mediante los barrios añadí episodios a esta serie de tramos que es mi existencia, como la de cualquier otra persona, cada cual con sus afanes y sus movidas.

Lo peor siempre ha sido, para mí, permanecer encerrada en una embajada. Por asedio militar, que los hubo, o por asedio cortés, que también los hubo. Y ese esperar a que llegue la insulsa y formal hora del jerez mientras contemplas la belleza del jardín, sin ningún, absolutamente ningún interés en los alrededores, porque no tienen quioscos, ni bares, ni tiendas, ni farmacias. Excepción hecha de la embajada de Panamá (donde me salvaron la vida en 1989) y la de Beirut (donde hicieron lo propio unas cuantas veces, y, además, son amigos del alma). Ay, Jesús Santos, Pascale, Clara: cómo me gustaría veros ahí sin que se me cayera el alma a los pies observando los, por llamarlo algo, desperfectos.

Me gustaba mucho mi barrio del centro de El Cairo, esa parte europea de edificios modernistas degradados que posee, junto con el abigarramiento local de comercios, tenderetes en las aceras y tráfico caótico y sonoro, el aliciente de la picardía: por ejemplo, buscar y encontrar el lugar donde pillarás una cerveza, aunque seas una mujer solitaria. Un bar escondido, un hotel ajado, pero con su saloncito con barra. Siempre que he visto recelo ante la mujer libre, tanto en los cafés de Oriente como en sus zonas de barullo bélico, he sacado del bolso una labor de punto (una bufanda a medio hacer que llevaba conmigo) y me he puesto a darle a las agujas. Respeto inmediato.

Así son las cosas.

Por desgracia, desde que empecé a sufrir percances óseos y de todo tipo, no graves, pero sí amenazantes, me entró una inseguridad física muy grande. ¿Seré capaz? O mejor: ¿seré «todavía» capaz? Alargar, estirar ese todavía, ese «parece que aún puedo», es uno de nuestros grandes desafíos. Hacer lo que siempre hicimos, en la medida en que podamos seguir haciéndolo. No tirar la toalla, por conscientes que seamos de que tarde o temprano llegará la derrota. Pero, alto: ¿qué derrota? La despedida. Como está mandado. Por las buenas o por las malas.

Si se fue Omar Sharif, con aquellos ojazos que tuvo, bien me puedo ir también al país sin cobertura.

Entre tanto, aviones, trenes y taxis. Y 50 minutos de gimnasia para mayores, un par de veces a la semana.

Que se me haya pasado el miedo a viajar y la inseguridad, como ya os he contado, se lo debo a Jordi Évole y a su equipo, que me arroparon al sacarme fuera (¡por fin!), llevándome a Roma (una oferta que no pude declinar) y devolviéndome la confianza en mis fuerzas. Por la noche, preguntaba:

—¿A qué hora, mañana?

—Tienes que estar lista a las nueve. —La realizadora y estupenda documentalista, Laura Herrero Gavín, sabe cómo ponerte firme.

Ponía el despertador a las seis, hacía la tanda de ejercicios para la espalda, desayunaba, iba al baño, me duchaba y llamaba a Laura, Airyn, Esther, Laia, Txell: mis hadas. Elegíamos la ropa para ese día de grabación, me maquillaba yo misma y la buena de Esther le daba un toque de perfección profesional a mi trabajo y me perfilaba las cejas. Luego venían los chicos: Paco, el gran jefe de fotografía, un hombre muy dulce; su cámara, Jose, guapo y cariñoso (se nos acaba de casar) y, al sonido, Gerard. Te ponía el micro adherido a la piel y ni te enterabas. Y cuando te lo arrancaba, lo mismo. Después del rodaje, pegué a un mosaico de mi baño su último esparadrapo. Qué *monazo* de aquellos días.

Con ese equipo, y Giordano en su *van*, dispuestos a llevarme a donde fuera, me sentía capaz de superar cualquier flaqueza. Me tomaban del brazo, me inspiraban seguridad y evitaban que los peligrosos patinetes locales me atropellaran al doblar vertiginosamente la esquina del hotel Forum.

Y a la calle. El primer día de grabación: piazza Navona.

Nunca he vivido durante una larga temporada en Roma, es una de mis carencias, pero la he pisado mucho. Con frío, con lluvia, con calor, con y sin internet, con mochila de juventud y con esta otra mochila que dan los años. Cagándome siempre en los *sanpietrini*, esos adoquines preciosos y misóginos que parecen diseñados por los papas para rompernos las piernas a las mujeres.

Mochilas de juventud, ligeras, aunque pesaran tanto; pero eso lo sabes de mayor, cuando comprendes que no se trata del contenido, sino de tus fuerzas para moverlo de un sitio a otro. «¿Qué llevas ahí?». Hoy: ya os lo he dicho, barrios que son parte de mi carne y de mi sangre.

Évole y yo, esa primera mañana, nos miramos en un charco y nos encontramos en el agua que también reflejaba iglesias y fuentes, y ahí llegó la complicidad. Me llama «jefa», pero me siento *tieta* suya de oficio, y con él aprendo mucho de lo que es preguntar, callar y guardar la ropa. Le debo este volver a la acción (dentro de lo que cabe), y quizá también este libro. Que me sonrían por la calle, hasta gente joven de todos (todos) los sexos. Una especie de boca a boca (si en lugar de *Lo de Évole* hubiera sido *Salvados,* el título habría resultado premonitorio) que me *revifó* (reavivó, en catalán: me gusta más decirlo en mi parla charnega).

Piazza Navona es, para mí, el lugar en el que ya no está el veterinario al que llevé, a mediados de los setenta, a un perro rescatado del Canile Municipale. Muy cerca de las abrumadoramente bellas *fontane,* la estatua del Pasquino donde un día glosaron con carteles al presidente Zapatero (los italianos se estaban comiendo con parmesano a Berlusconi). Ahí está el restaurante Cul De Sac, en el que siempre comparto manteles con mi amiga Francesca, de la que ya os he hablado. Los turistas suelen preferir la terraza, y nosotras nos metemos en el interior, más exclusivo (si no les gustas, te echan), estrecho y largo, y pedimos el plato del día y un buen vino de su excelente enoteca. El Cul De Sac no lo escoges tú: te elige él. Los camareros saben distinguir al visitante avezado del zangolotino sin paladar. Si tenéis la suerte de disfrutarlo, tal vez os toque el día de la pasta al brócoli, mi preferida.

Me gustaba también ir, con mi querida Irene Hernández Velasco, en cualquier otra de mis vivencias romanas, a la señera sombrerería situada un poco más allá del restaurante. Prácticamente todos mis cubrecabezas los compré allí. Estilazo. Tienen décadas, aunque no tantas como mi mesa, y todavía me los pongo.

«Aunque cada vez más pareces una seta», me digo.

Cuando voy a un estudio de televisión, pido que me pongan un cojín o dos en el asiento. No me gusta *atortugarme*, si puedo evitarlo. Y elijo algún complemento que llame la atención, para desplazarla de mí misma. Envejecer también es eso. Ser pilla.

Esther me acompañaba a mi habitación, tomada de mi mano (más bien, yo de la suya), después de una jornada *evoleando* por mi barrio del veterinario y los sombreros. Algo debí de decirle y ella sonrió:

—Maruja, me recuerdas a mi *iaia*.

Le dirigí una mirada mortífera. Días después me vengué:

—Como diría tu abuela, ya que fuiste tan gentil al compararme, como no dejes de fumar te daré un par de hostias y no volveré a hablarte en mi vida.

El viernes, 26 de enero de 2023, Esther me mandó el siguiente mensaje:

«No fumadores ya. 365 días, 2.921 cigarrillos no fumados. Dinero ahorrado, 681,64 euros».

Viva yo y viva ella, que tiene mucho por vivir.

Fui muy feliz en Roma en enero de 2023 y pienso

regresar el próximo marzo para celebrar mi 81 cumpleaños, con Julia y en el mismo hotel Forum, desde cuya terraza contemplaré el arranque y el final de la *Maratona*. Correr no podré, solo lo hice cuando me perseguían o cuando llegaba tarde, pero mirar no me lo quita nadie. O sí. Por el momento, me están funcionando muy bien las inyecciones mensuales en el ojo derecho, y ya puedo hacerlo por la Seguridad Social, lo que me deja un dinerillo para viajar. En el Forum, Laura y Laia mediante, me hacen un buen descuento. Espero que el barman Paolo siga con ganas de echarse un bailongo conmigo. Quizá, quizá, quizá.

Visitaré de nuevo la tienda Hollywood (cuarenta años dedicada al cine, adaptándose a las tecnologías y los requerimientos del público), con Marco al frente del negocio que es, más que un comercio, un refugio para cinéfilos y cinéfilas de primera y de última hora. En esa calle, via Montserrato, cerca de Campo dei Fiori, quedan unas pocas tiendas de ropa y complementos exquisitos. Hay que mirar y no entrar: carísimas.

Volveré al Cul De Sac con Francesca y hablaremos de las nuevas guerras, de cómo las narra el periodismo actual; y saldrá el barrio que compartimos en Beirut, del que ya os he hablado, y que las dos llevamos dentro, aunque ahora sea una sombra más entre fantasmas desalentados. Guardo, en mi mochila, el recuerdo de las baldosas hidráulicas de mi apartamento del callejón florido que daba a la calle de Abdel Wahab El Inglizi. Solo he tenido mosaicos antiguos en la vivienda del Raval donde crecí, dos calles a espaldas del Liceo, y entonces no los apreciaba. También en el piso de Enric Granados, que al venderlo me ha permitido tener unos ahorros además de la pensión. No las olvido, las baldosas, pero no las añoro; ya os he dicho que nunca miro atrás.

Otra cosa es no llevar en el corazón, en la mochila, mi felicidad luminosa en la casa de estilo provenzal libanés donde pasé una época muy excitante.

Las flores del jardín y las terrazas. Jazmines para el escote, antes de dormir. Mi barrio aquel, la papelería, el peluquero atezado, la plaza Sassine, con un quiosco que vendía de todo durante toda la noche. Los multicines ABC, la dvdteca, el hotel Sant-Gabriel, en el que me refugiaba cuando pintaban bastos, el Hawa Chick donde Jesús compraba los pollos para cenar con amigos en mi terraza. Y así podría seguir hasta el infinito. Los atardeceres en el Sporting Club, las excelentes *sishas* frente al mar (sí, Esther, lo confieso: he fumado pipas durante mi intervalo beirutí. Nadie es perfecto).

Anoche me llamó Jesús desde Beirut. Primero un wasap: «Cómo me gustaría estar hablando contigo ahora». Y cómo le entendí. Nuestras charlas durante las muchas crisis. «Llámame». Su voz sonó más triste que nunca. «Este país, con su estado de debilidad, no resistirá una nueva guerra». Israel atacando por el sur. Esos paisajes que he conocido, reducidos a hojaldre en 2006 y de nuevo víctimas del rabioso vecino. Su voz, tan triste. Creo que él está peor que los libaneses, que viven con lo que él define como «fatalismo optimista». Pregunté por los amigos. «Rosa está en Madrid, de baja médica, y el viernes estuve en las condolencias por el hermano de Mahmoud, que era el más pequeño, con leucemia. Ha perdido a dos hermanos en el último año».

Rosa, Mahmoud, sabéis que os quiero, ¿no?

En la mochila, como el recuerdo de las baldosas.

16
HABER SIDO Y QUERER SEGUIR SIENDO

Jordi Gracia describió muy bien a los carcamales que, habiendo sido indispensables como pertinentes opinadores, de los de señalar la senda con el dedo (tiempos de la transición), envejecieron añorando aquel poder, exhibiendo sus berrinches y, a menudo, haciendo el ridículo. Intelectuales, ahora insoportablemente caducos y jaleados por su camarilla, que antaño marcaron con su ceño y su barbilla alzada, desde las atalayas de sus libros, editoriales, artículos, dirección de periódicos y otras tribunas, el rumbo que seguir por el resto de los mortales. Con bastante éxito, por cierto. Se los tenía por faros, eran otros tiempos, hasta que se apagaron para dejar paso a las llamaradas de su descontento.

Hay otra clase de santones derrumbados. Aquellos que fueron astros de la televisión privada de los ochenta y los noventa, los *has been* del *reality-show* que no toleran no protagonizar hoy lo que sea con tal de captar la atención del respetable. Casi ninguno se retira a disfrutar de sus bienes, acumulados gracias al ingenio que les permitió entrar a saco en los hogares de una ciudadanía sedienta de evasión, de diversión y, seguramente, de sadismo. Como en cualquier otro país del mundo.

Al envejecer, al creador de circos que sigue teniendo una alta opinión de sí mismo no le queda otra que patalear públicamente en alguna de las pistas prestadas, de la que otro u otra es ahora quien dirige. Desde ahí alzan la voz, alzan el culo de sus asientos, se reafirman y se entretienen, creyendo que son los de ayer, fermentados por la solera de la experiencia, cuando solo son el resumen de su nada de antaño.

Qué suerte, no pertenecer ni a uno ni a otro bando. Porque:

—Tú no eres una intelectual —me dice Julia, supongo que para sosegarme.

—¿Y Cebrián, sí? —pregunto.

—Cebrián sí que lo es.

Ahí me quedo tranquila. No soy una intelectual; por consiguiente, estas páginas proceden de alguien como tú o como yo (sobre todo, como yo), que un día nos soltamos la trenza y discurrimos acerca de algo que creemos saber, o vayamos nosotros a saber si sabemos. Sabiendo, eso sí, que no movemos el mundo más que cualquier otra persona.

Esta certeza sobre mi falta de profundidad y de rigor académico (que no de principios) me libra de parecer, en el tramo final de mi vida, una sabionda cascarrabias que no soporta los cambios, o peor aún, uno de esos seres sesudos (intelectuales) que malgastan sus días de declive leyendo a los que odian, escuchando a quienes detestan, y, encima, escribiéndolo en cuadernillos para desahogarse cagándose en todo y publicarlo el día de mañana como paupérrimo adiós a la vida.

En cuanto a los otros.

Interior noche. Un comedor muy bien vestido en el que los anfitriones, una pareja importante del cine y las series, reciben a sus invitados. No hay figurantes, solo protagonistas, cada uno en su estilo: más grande, mediano, pequeñito. Una observadora (yo). De repente, uno de los protagonistas (categoría ex de la tele) vocifera para imponerse a los otros y darnos su opinión de cómo gobernaría él este país. No nos extraña: lo hacemos todos, sentar cátedra, criticar, creernos que haríamos mejor las cosas. En los bares, en las cenas. Ante el televisor, ante el espejo. Leyendo los periódicos en web o en papel, repasando las redes.

Lo irritante para la observadora en que me he convertido es que el tipo no tiene bastante con proferir su diatriba desde su sitio. Su sitio en la mesa, bien vestida y mejor atendida por un generoso servicio de *catering*, y con unos comensales de lujo, desmejorando lo presente.

El tío se levanta y empieza a discursear yendo de un extremo a otro de la mesa, alza los brazos, arriba y abajo, ahora por aquí, ahora por allá. Eleva aún más el tono, se pregunta, se contesta. Caigo, de pronto, en la cuenta.

Para él no somos una cena. Somos un plató televisivo como el que ahora frecuenta, ya en su declive.

No necesito llamar a Julia para cerciorarme de que ni estuve, ni estoy, ni estaré nunca entre los absurdos muñecos rotos del entretenimiento televisivo.

Y no soy una gruñona. Tengo mi mala leche, eso sí.

17
NO ME GUSTAN LAS ESCENAS

Quién iba a decírmelo, con lo *drama queen* que he sido. Ya no soporto las escenas, sean de reconciliación o de ruptura. Con amigos, amores, ciudades. Si queréis que nos echemos los trastos por la cabeza, no me interesa. Si pretendéis que nos estrujemos hasta recuperar los abrazos perdidos, no me interesa.

Me gusta la alegría y estoy de psicodramas, banales y de los otros, hasta el moño. O el coño. O ambos. Pensándolo bien, ninguno de los dos artilugios tolera ya cualquier cosa.

He vuelto a Barcelona, al Eixample, después de cuatro años de ausencia. Elegí el hotel Astoria, en el que me refugiaba cuando el edificio de Enric Granados se ponía en obras y el ruido me impedía escribir, y también porque la nómada necesitaba verse en otro escenario antes de perder la paciencia.

Qué sensación tan extraña: estar, pero no estar. No añorar. Visitar. Sentirse como en casa en una habitación de hotel, familiar, después de tantas estancias a lo largo del tiempo. Si caminara hasta el final del pasillo y abriera la ventana podría contemplar, como antes, la galería de la casa en que viví. No necesito hacerlo. La recuerdo: con Tonino, mi amigo perro, tomando el sol, los ojos entrecerrados y una media sonrisa placentera. Lo llevo dentro.

El director, el personal: me cuentan cómo les han ido los asuntos. Hemos envejecido, nos decimos, y el subtexto es que aquí estamos todavía, después de todo lo ocurrido desde los hechos de 2017. Los hechos. Quién me iba a decir que algún día me referiría a aquellas jornadas entre amargas y ridículas como *les événements,* igual que una libanesa, o un libanés, hablando de sus guerras.

En mi ciudad parece que el asfalto se haya abierto, engullendo todo lo que ocurrió, incluida la atosigante marea de lacitos. No ha pasado nada. La gente es amable y parece necesitar cambiar de partitura. O, al menos, esconderla. Nadie se refiere a la Cosa. Pues bien, vaselina y olvido, ojalá. *Les événements.*

Neus, mi querida amiga Neus, me espera la primera noche en el hotel, me acompaña a la habitación y me ayuda a instalarme, como siempre hizo. Nos sacamos una *selfie* ante el espejo. Bajamos de nuevo y allí está, con dos vecinas más, Montse y Lourdes: noche de cata de vinos en un nuevo local de mi pedazo de calle París favorito, entre Enric Granados y Aribau. Parece que se han abierto en Barcelona muchos sitios de esparcimiento. Las catas de vinos son muy apreciadas por las damas, sobre todo cuando van por la tercera botella.

Mañana saludaré a Carlos, el dueño de la *delicatessen* de la esquina. También a quienes quedan en la tocinería. Por la panadería ni te acerques, que la han cambiado toda. Ah, y caerás en la tentación, una vez más, en la tienda de ropa The Avant, en donde Silvia te recibirá con alegría genuina y los brazos abiertos.

Vaselina y nada de escenas. Tampoco hurgues, estás de visita. Los amos de estos alrededores fueron tan *puigdemontistas* como ahora son proisraelíes. Vaselina.

La noche en que recogí el premio Margarita Rivière (por la trayectoria: soy un tranvía llamado ida y vuelta), las mujeres reunidas en Santa Coloma de Gramanet me abrazaron mucho, me dedicaron palabras hermosas (a lo de *referente* habría que darle un par de vueltas) y me besaron hasta la hidratación cutánea tipo Foreo (me he hecho adicta de esa marca sueca, carísima: solo un aparatito, y que me incineren con él, cuando me lo paso por la cara sonrío como Tonino). Colita y Francesc se acercaron a abrazarme. No sabía que no volvería a verla. Ahora miro las fotos que nos hicieron y veo su sonrisa de los últimos tiempos; pero los ojos, los ojos de Colita parecen muy tristes.

¿Qué habría hecho, de haberlo sabido? ¿Una escena?

Los que se van sin que nos dé tiempo a despedirnos crean una crisis de interrupción repentina, pero facilitan mi mantra: no murieron, se han mudado a un país que carece de cobertura. Ya nos veremos.

Y están los que reaparecen. En esos días, Pilar Aymerich, delicada fotógrafa que me acompañó un par de veces a Líbano hace un porrón de años, reapareció como amiga, después de que las dos habíamos permanecido en esa nebulosa que las mayores, cuando yo era joven, definían como «sin tratarnos» («Yo con esa no me trato» o «No te trates con ese niño, que tiene la tisis»). Lo que ocurrió fue el típico cortocircuito, el malentendido alargado. Y el silencio.

Pero esa noche Pilar apareció e hizo una pregunta sencilla a la par que lógica:

—Tú, ¿eres de Jameson?

—Sí.

—¿Buscamos un sitio que esté bien y nos tomamos un trago?

—Vamos.

Caminando por las callejuelas de nuestros días jóvenes, enlazadas del brazo, veteranas aves nocturnas (aunque ella tiene ojos de gata, de gata sagaz solía yo decirle), me condujo hasta un portal muy señorial de una calle del Eixample, donde un joven atractivo y simpático montaba guardia. Anunciamos que íbamos al club. Imaginad: un club para señores de buena familia barcelonesa, de esos que fuman puros y saborean un licor, posiblemente sin sus señoras. «Un momento, que llamo al conserje», dijo el joven. Bajó este enseguida. Para nuestra sorpresa, llevaba un antifaz negro. Glubs.

—Lo siento, señoras —amablemente—. Para entrar, es imprescindible que se pongan las máscaras.

Busco mi mejor imitación de Mónica Randall en *La escopeta nacional,* para transcribir mi pregunta:

—*¿Que hay una orgía?*

—No, es un evento.

Siguiendo las indicaciones del portero joven, que nos vio defraudadas y con ganas de juerga, recalamos por fin en la coctelería MutiClub. «Les gustará: tienen reservado el derecho de admisión a los menores de 40 años». Efectivamente, ahí estaba la advertencia, en una duradera placa de bronce. Un local que os recomiendo. Con un DJ que se parece al querido mago Tamariz y que pasó el resto de la noche amenizándonos con su versión de las músicas de nuestra juventud.

Días más tarde, charlando por la noche por teléfono, corroboramos nuestras versiones distintas. Pilar, que es de imagen, apreció referencias cinematográficas, vio el carnaval de Venecia en pleno y aparentemente discreto Eixample, recordó a Losey (*Don Giovanni*) y a Visconti, a Kubrick. Yo, que soy de letras, creo que pensé en Montserrat Roig y en sus relatos que tienen como escenario ese barrio, pensé en su *Ramona, adeu.* Y me reafirmé en que bajo las aguas mansas pueden yacer abismos interesantes.

—Cuánto tiempo hemos perdido —dijo Pilar aquella noche.

—No sé. La vida tiene estas cosas. —Y repetí uno de mis mantras—: Yo nunca miro atrás.

Sin escenas, con el calor de la amistad recobrada. Y con Jameson. Donde siempre estuvimos.

Por algo será.

18
«EL DÍA MENOS *PENSAO*, ESE EN EL QUE PIENSO SIEMPRE»

Titulo con el verso más impactante de *No pensar nunca en la muerte,* el poema de Manuel Alcántara que tan bien interpreta Mayte Martín. No lo hago porque sí, sino porque a menudo me vienen ráfagas. De la canción, del poema y de las contradicciones en las que caigo (y veo caer a otros, otras) mientras la espero, a la muerte, entretenida en mis cosas.

Hay días, como hoy, en que pienso que lo que más me jodería es no poder «ver toda la mar enfrente», otro verso, porque siempre he creído que la muerte más hermosa es aquella que te permite mirar, al final, el semicírculo del mar, y sentirte marchar, de repente o con lentitud, pero contigo en el centro del azul infinito.

A modo de consuelo, me digo inmediatamente: «Y tú en el centro de una urbanización desangelada, sin ver del mar un pijo, oliendo a gambas de chiringuito y al coco sobreactuado de aceites bronceadores. Ya no quedan paraísos naturales y gratuitos ni para palmarla».

Entonces, morirte, sí, pero ¿mirando a qué? La respuesta surge inmediata: al mar que llevas dentro. No el de Torrevieja que vio mi padre ni el de Cartagena que acunó a mi madre y que intenté recuperar en sendos viajes de inútil búsqueda de raíces a ambos lugares, sin hallar otra cosa que cultura del cemento. Te ponías de culo a las edificaciones y el mar refulgía, estupendo. Sin embargo, no soy la pareja del Titanic y no me gusta hacer equilibrios, ni en la proa ni en la popa, y la gentrificación turística me parece repugnante en todas partes. Delante o detrás. Dentro de mí no entra. Dentro de mí sigue el humilde paisaje de la Barceloneta, del rompeolas donde los pobres pescaban cangrejos para la sopa.

Dentro de mí. Tres palabras que dan sentido, si es que de sentido puede hablarse, a la intención de levantarse todos los días con ganas de hacer algo, con ganas, sobre todo, de hacer algo placentero. Intento evitar, pero no puedo, los homenajes a amigos famosos que la palmaron y que dejaron esto que ahora llamamos *un legado*. No quiero saber que están muertos, insisto en mi idea del viaje al lugar sin cobertura.

El mundo real, sin embargo: «Y morirte de repente, el día menos *pensao,* en el que piensas siempre».

Qué suerte la mía, que ni soy intelectual ni dejo legado, ni tengo hijos, aunque no faltan cariñosos periodistas de todos los sexos que me dan las gracias por lo que consideran una herencia (intangible y pronto olvidable, añado). Me gustaría decirles que prefiero haberles contagiado algo bueno de mí. La desobediencia, eso estaría bien. Salid volando en cuanto notéis que os quieren cortar las alas. El compromiso con los propios principios o lo que sea: esa brújula que te permite no errar el camino, por muchas sacudidas que des, y más o menos poderte mirar al espejo sin abochornarte demasiado. El desparpajo. El desparpajo sí que me gustaría también contagiarlo. Desparpajo contra la sumisión, pero también contra la mala educación. Y elegancia a la hora de cavar en la memoria con afán implacable, pero con la decencia de no nutrirse de cadáveres para obtener un titular o un documental hecho con bustos parlantes.

Dentro de mí, decía, y sin falsa modestia, dispongo de un surtido de mares a mi disposición, y también desfiladeros y pirámides y el color rosado del atardecer sobre piedras calizas que han visto morir gente a mansalva, que ahora mismo contemplan con la expresión inescrutable de la esfinge cómo desaparecen familias, vecindades, poblaciones enteras, por la furia rabiosa de un Israel que nadie ha querido ver y que los reporteros conocimos ya hace años.

Los niños amputados, los niños muertos, los niños huérfanos de Gaza golpean la piedra de la hipócrita conciencia occidental sin obtener otro fruto que el efecto rebote. Por eso, quienes sabíamos y sabemos y hemos hablado cuanto hemos podido tenemos el deber de no olvidarlos. Los niños mártires gazatíes sombrean este libro y reducen a mera banalidad mis meditaciones sobre mi propia muerte. Qué importancia tiene, aunque para mí importe, que con mi desaparición también se irá este cacho de memoria de las cosas que he visto, de los seres que he amado, de los horrores que he condenado, pero no he podido detener.

La matanza de los inocentes sigue ahí y la forma en que el mundo que pronto deberemos dejar de llamar civilizado me conduce a un pensamiento terrible, insoportable.

Si Hitler se hubiera limitado a eliminar a los judíos, si no hubiera invadido Europa, es muy posible que los líderes de su época no hubieran movido un dedo. Quizá habrían alegado el derecho de los nazis a defenderse de ¿qué? ¿De una raza inferior, previamente deshumanizada, como los palestinos lo están siendo por Israel? Sin la toma de París, sin Dunkerke, sin Pearl Harbor y sin los pingües beneficios que Estados Unidos iba a obtener reconstruyendo una Europa arrasada, ¿habría llegado a tiempo el muy apreciable y apreciado, desde luego por mí, Séptimo de Caballería? El horror del Holocausto fue descubierto al final, porque no había redes sociales, ni internet, ni información en directo proporcionada por las propias víctimas. De haber dispuesto de todo eso, y este es el pensamiento verdaderamente turbador, ¿habríamos sentido ante la matanza el mismo desinterés recubierto de palabrería tranquilizadora, y reuniones y más reuniones, que ha convertido en postureo nuestra defensa de los derechos humanos?

Esos muertos, esos eliminados de la faz de la tierra, esos borrados y desechados por la fuerza bruta y en nombre de un pueblo elegido, y, por tanto, superior.

Ojalá nos maldigan. Lo harán, claro. La historia de la humanidad está pavimentada por odios.

* * *

Me gusta, con la mente, volver al mar de Tiro. De entre todos los mares que en algún momento he creído poseer, el de Tiro se me aparece ahora flotando en el cedazo por el que los otros se han ido escurriendo, si es que el mar puede ser tan escurridizo como la arena. Tengo el de Tiro cerca, me basta golpear la pantalla con un dedo para sentirme caminando entre los restos de columnas y calzadas romanas del cubrepantalla. Ahí hay un mundo de belleza que sobrevive con los todavía no muertos, acompañándolos con esa afable huella histórica que nada tiene de personal, que es de siglos, de una era, de algo que pasó y se fue como nos iremos todos, y que se quedó como una red envolvente, red palpable, no digital, que conduce hasta el mar a quien va a encontrarse a solas con su nada. Nada, nadie. Ni batallas, ni religiones, ni carnicerías. Un sendero de piedras irregulares y hierbas salvajes, de losas melladas, un pasado remoto y tan mitificado que solo hace bien, el último bien que te encamina, piensas, hacia la disolución en el centro de la serenidad marina.

Todo es mentira, claro. La necesaria dosis de mentira.

Eso sueño mientras miro el teléfono y pienso en la muerte, y enseguida me echo a reír: ¿qué hicieron los romanos por ti, mujer? Pues eso hicieron. Quedarse bien muertos ahí detrás, a modo de ejemplo de que todo pasará y quedará en piedra (o en plástico, nosotros), en lugar de dar la turra como los guerreros de hogaño.

* * *

«Me hice periodista por ti», es otra frase que me descompone, por misericordia. «Perdón, perdón, lo siento —quiero contestarles—. Sé que lo estáis pasando mal. Incluso sé lo difícil que os resulta hacer las cosas bien, o pensar que las cosas podrían hacerse mejor».

Aunque me gusta cuando añaden una referencia cinematográfica: «Por ti y por Nick Nolte en *Bajo el volcán*». Aunque mi favorito de esa película es Gene Hackman, el periodista impávido que no se da ínfulas, cornudo y apaleado, tiroteado, mejor dicho, al final. Que no falsifica fotos por una causa, porque un periodista defiende las causas con la verdad. Y la verdad puede contarla hasta un cornudo, apaleado y tiroteado y frío reportero.

Yo me enamoré del periodismo por Dana Andrews en *Mientras Nueva York duerme*. No había mujeres a las que seguir en esa estupenda obra de Fritz Lang: la una era un putón verbenero (y tan buena directora de cine como fue, Ida Lupino), y la otra, una secretaria tonta y virgen de manual (Sally Forrest). Ambos papeles, escritos para que el muchacho destacara.

Esa costumbre permanece, aunque ahora los grandes estudios o plataformas nos den jabón (el negocio es el negocio) con alguna superheroína. Es el rollo James

Bond, Tom Cruise, y así nos remontamos hasta Tarzán, que tenía a una mona y a una blanca de buena familia rendidas a su taparrabos. Por poner un ejemplo clásico, no necesito que Cyd Charisse se agache para admirar la maestría en el baile de Fred Astaire; pero, vamos a ver, ¿no es también cierto que, cuando sale Cyd, aunque no lleve tacones, ella se merienda todo lo que aparece (mejor, desaparece) en pantalla?

Cuando veo en casa películas o series antiguas, y lo hago a menudo, entre dos series de mierda producidas por esas adocenadas plataformas que están cambiando nuestro imaginario y de las que no puedo prescindir porque en su nevera hay joyitas, cuando miro viejos títulos que son como de mi familia de hoy, me pongo en plan cotilla, como si estuviera leyendo las necrológicas de *La Vanguardia,* y empiezo a googlear para ver cómo y cuándo murieron fulano o mengana. A veces están todos muertos. O a punto. Veo la insulsa *Golpe de suerte,* un Woody Allen que ha confeccionado él mismo con desgana, retales de su muy respetable ayer, cuatro críos actores sin importancia y un París que parece de plástico, esa saturación empalagosa de colores de otoño. Nadie de esa película ha fallecido, creo, y esa es la parte buena.

* * *

Divagando, entre la muerte y la doncella, una mañana de sábado. Pequeña lluvia. Ventarrón. Banderas inclusivas en la azotea del edificio de enfrente. Resisten. Al viento y a los malos vientos.

El muerto al hoyo y el vivo al bollo, pero el hoyo está infravalorado. Pienso también que eso que tanto tememos, el *cómo* (más aún que el *cuándo*), la agonía, a lo mejor no es sino el precio que tenemos que pagar por quedarnos por fin en la inopia, fuera de la conversación, del ruido. En paz.

Porque en eso sí piensas. En el *cómo*.

Ejemplo vegano. Estás pelando guisantes en el sofá mientras miras, medio distraída, una serie antigua (*El mentalista:* más chicas babeando por el protagonista, qué le vamos a hacer) y se te cae una vaina. Ay, rediez. Si te levantas con rapidez para recogerla, puedes darle con el vuelo de tu albornoz al cuenco medio lleno. Y entonces pisarás, pegarás un resbalón, te romperás el fémur y, justo en ese momento, comprendes que el teléfono está cargándose en el dormitorio, lejos, y el reloj digital ídem de lo mismo, junto a la bici estática.

Y ves el cuadro. Llega el Samur (o no llega, por qué va a llegar si no has podido avisarle), derriba la puerta (porque todo ocurre en finde, cuando no está Christopher) y se encuentra con una señora que lleva un viejo albornoz encima de unos *leggins* de Ágatha Ruiz de la Prada de cuando Perojosé se sentaba en un puf en forma de plátano abierto. En cuanto a la camiseta, te la miras y, ay, menos mal, es de la boutique del Thyssen; las diosas bendigan a la *boutique* del Thyssen y de todos los museos en general.

Interrumpo la meditación para meterme en la web de esa marca sueca de belleza tan cara y tan estricta que he descubierto. Cuando te masajeas con el aparatito, que parece un familiar cercano a mi Rodolfo Langostino, pero para el rostro, la app te va contando lindezas tipo hipnosis digital: relájate, relájate, siente en tu rostro el bienestar XXX (aquí, el nombre de la marca). El problema es que tengo que consultar antes en la web (porque la app, en vez de relajarme, me pone tensa si me equivoco) para dar con el tratamiento adecuado, no sea que acabe masajeándome las bolsas de los ojos con el movimiento indicado para la papadilla. Y con un ir y venir de gafas entremedias, ya os he dicho que veo poco.

¿Qué puede salir peor? Os lo diré. Imagino que el silloncito giratorio de Ikea se parte por el eje (al fin y al cabo, ya tiene ocho años), y entonces el Samur lo que va a encontrar (porque ya he ido a por el móvil y me he puesto el reloj) es a un ser con una especie de miniplatillo volante luminoso vibrándole en la mano, una cinta recogiéndole el pelo y las bolsas de los ojos relucientes de mascarilla, eficaz contra bolsas y ojeras que te cagas.

Cualquier accidente puede ocurrir, porque la última analítica ha salido muy bien. En avión, cruzando los Alpes, me envalentono. Sobrevivirá el pasajero de al lado y, como no tendrá forma de alimentarse, se me comerá las tetas. Y yo no me enteraré, porque estaré felizmente muerta.

Hay que reírse. Y el día menos *pensao* que me quiten lo *bailao*.

19
ORGASMANDO (DE IMPOTENCIA) EN PLENA BRECHA

Asisto con verdadero placer intelectual, ergo formativo, a cuantas charlas y debates se dan con la intervención de mujeres jóvenes, preparadas y excelentes conferenciantes, que abordan sus problemas en el mundo actual. Leo artículos ávidamente, con el afán de enterarme y entenderlas, pero confieso mi fracaso.

Ser joven nunca fue una bendición, salvo cuando te acuerdas, siendo ya mayor, de cómo se debatía en aguas turbulentas la joven sin brújula, pero con mucho empuje, que fuiste. De cómo huías de la sumisión y de cuánto tardaste en comprender que el amor casi nunca da la felicidad (el que la da es aquel que se convierte en amistad profunda), pero que el sexo te permite pasar un buen rato. Que atreverte a buscar sexo satisfactorio ya representa, en sí mismo, un paso adelante en la inevitable reafirmación del ser.

Asistí hace unos días a un debate en el que una mujer en su treintena desgranaba las dificultades para el sexo a que hoy en día son sometidas sus contemporáneas, la falta de hombres cabales, la presión de las redes, las exigencias del culto al cuerpo, el escaqueo masculino ante la aventura por el miedo a que un polvo se convierta en un compromiso, el temor a no ser lo bastante buena en la cama, a no estar lo bastante buena, a pasarse siendo lo bastante buena y que te traten como a una zorra. Nada nuevo bajo el sol, pensé. *On connaît la chanson,* es lo mismo que temía mi generación, con dos salvedades importantes. Primera, en mi juventud no existían las redes, esas boas constrictor; no había *influencers* ni citas a ciegas más que las de aquí te pillo, aquí te mato y salga el sol por Antequera. La segunda excepción es que a nosotras el miedo a no dar la talla solo nos paralizaba lo justo. En lo que a mí respecta, sabía perfectamente a qué hombres les podía gustar y a quiénes ni querría ni podría acercarme. Cada una, en la medida de sus posibilidades, salía a remar y echaba las redes, sin saber si compartiría la noche, o unas horas, con un pez plata, un tiburón o simplemente un besugo. También podía ocurrir que nos fuéramos de vacío.

Por otra parte, los hombres a los que teníamos acceso, con sus machismos micro o macro, follaban sin haber sido educados desde pequeños en la pornografía de las redes. Los más audaces dejaron de darle a la gallarda como única salida a sus calores y caracolearon por las playas donde turistas nórdicas y alemanas, sobre todo, ligaban con ellos sin ñoñería, hacían el amor sin compromiso alguno y les enseñaban a hacerlo. Eso nos vino bien a nosotras, las liberadas de mi generación que tomábamos la píldora anticonceptiva.

Follando aprendíamos, y aprendían ellos. Y, si nos molestaba que no se quedaran a desayunar, así fue como nosotras, polvo a polvo, también aprendimos a decirles que preferíamos amanecer a solas.

Me entraron ganas de llorar escuchando a la joven y bella mujer que ocupaba el estrado relatar su carrera de obstáculos, aunque debo reconocer que de vez en cuando eché una cabezadita, no por aburrimiento, sino seguramente para poder salir un rato de mi asombro induciéndome al leve sueño de una escuchante en un lluvioso ocaso del tardío invierno.

Y, entonces, zas. La frase que me hizo despertar de repente:

—Y está, además, la brecha orgásmica.

Coño, y nunca mejor dicho.

Al principio creí que habíamos pasado a hablar sobre botánica, pero comprendí rauda que nos encontrábamos ante una nueva angustia. Diosas, decidme por qué el mundo rebosa de una juventud desdichada que tiene que vérselas con *incels* voluntarios y muchachas insatisfechas por hombres que no se les acercan ni para un sobo. Por gentuza del género masculino que las acosa en las redes o que se hace de TikTok solo para despreciarlas y decirles que tienen un físico de mierda y que no se acostarían con ellas ni a golpe de pistola.

Se me ocurre que las nuevas formas de relacionarse son mucho más peligrosas que las mías, a pesar de que estas incluían el cuerpo a cuerpo. Pero ¿el rechazo virtual? Conozco a mujeres que, en sus esplendorosas cuarentenas o cincuentenas van a bares a ligar y que reciben el mismo trato que en una selección de reses.

No soy experta, no puedo aconsejar, no debo decir nada. Una cosa sí: dejadlos, ya que ellos creen que os han dejado. Anuladlos. Amaos entre vosotras o con vosotras, antes que darles la satisfacción de sentirse alguien porque disponen de la oportunidad de pisaros. Y buscad hombres buenos. Que los hay. Pero hay que dedicar tiempo, no desfallecer, y tener la astucia de largaros en cuanto veáis de qué pie cojean. Ningún folleteo, ningún ligue merece una humillación, por mínima que sea. He pasado por eso. En persona, personalmente. Y no es agradable que te hunda el ego un ser que ya nació hundido por su propia incompetencia.

Esa noche, a mi particular insomnio vagabundo se unieron esas dos ominosas palabras, pesadas como piedras: *brecha orgásmica*. Me metí en Google y comprendí que se refiere al hecho de que los hombres se corren más que las mujeres. Me despejó del todo que semejante minusvalía pueda hacer desdichadas a las chicas, obligadas a permanecer como en el sarcófago mientras la pareja ocasional se descarga (o no) y ellas se preguntan qué han hecho mal para merecer eso.

Pues nada, mujeres, sencillamente no es verdad. Ellos se corren más y más deprisa (excepto quienes saben y quienes quieren darse: no generalicemos) porque no tienen imaginación. Nosotras, sí, y por eso las que hemos aprendido siempre nos hemos corrido lentamente, en oleaje. Por eso no me gusta el Satisfyer, que te deja seca como a un tío en un nanosegundo. Si tienes la suerte de encontrar una pareja que entienda eso, que desee aprender a disfrutar más y en compañía, enséñale y aprécialo. Si no, que sepas que, si existe una brecha orgásmica, es a favor nuestro.

Ellos llevan las cositas colgando y eso les da miedo. Ellos, cuando alardean (entre machos) de que se hacen pajas, sacuden el puño en un gesto obsceno que muestra hasta qué punto somos distintos. En plena conversación, en un bar. Nunca he visto a una mujer mostrando en público lo bien que se lo pasa cuando se mete el dedo en el coño, la mano, el puño o un pepino.

La brecha está a nuestro favor.

También pienso que existe otro abismo (prácticamente insalvable) entre quienes aprendimos los secretos de nuestro cuerpo haciendo el esfuerzo de buscar palabras fuertes en el diccionario, o nos pasábamos *El amante de lady Chatterley,* de D. H. Lawrence, y *Sinuhé el Egipcio,* de Mika Waltari, para alegrarnos el pajilleo.

Releo lo que acabo de escribir y me rechazo con un Qué Sabrás Tú de la Gente Joven.

Lo escrito, no obstante, escrito queda. Ya os dije que este libro va también de aceptar las mierdas adheridas a nuestras suelas.

20
FIN DE LA PRIMERA PARTE

Estoy perdida. Con el libro, quiero decir. Y en general. Felizmente perdida.

He pasado cinco días en Roma, celebrando con Julia mi 81 cumpleaños, y lo mejor que me ha ocurrido ha sido saber que estaba en Roma.

No me parece poco. Menudo regalo. Saberte brevemente viva en una Roma breve, su eternidad acotada por la irregular saliente de un callejón, al fondo un retazo de cielo en forma de trapecio, un manojo de hierba surgiendo entre dos vetustos y desiguales muretes.

Ahí estás, viendo pasar el tiempo. Un trozo de Colosseo por aquí. Una galopada por delante del Pantheon para que mi amiga pueda admirar por primera vez en directo los tres Caravaggio de San Luigi dei Francessi.

Pero donde la revelación ocurre es en este hotel (que no es mi hotel, sino uno en el que he recalado para que una amable empleada me pida un taxi), mientras descanso de la última caminata, a solas con un Jameson y con un libro (el legendario *Perros de paja*, de John Gray), mientras espero ese taxi que nunca llega, dado que los de la parada adyacente se dedican a limarse las uñas y en Roma no hay manera de pillar uno en marcha: son ricos, los taxistas romanos, al menos lo son en tomarse las cosas con filosofía, y saben que la ciudad es una ubre de la cual muñirán eternamente, carrera más, carrera menos.

Ese improvisado agujero en el Tiempo, esa hornacina inesperada de silencio (el bar está casi vacío), un destino en principio no destinado que cuaja gracias al capricho de taxistas romanos que pegan la hebra, ajenos al cumplimiento de su deber, en una parada reglamentaria; gracias a la velocidad con que otros enfilan el asfalto con el cartel de *libero* a modo de carcajada; gracias a este ventanal desde el que atisbo el tráfico de la via del Tritone, mientras hago durar mi whisky para que el momento perdure.

Ninguna otra Roma, ninguna visita a monumento alguno me da tanto como ese hueco que la contiene toda, la de mis recuerdos y la de mis anhelos, la que convive en mí con los otros paisajes de mi memoria, reducidos (es decir: ampliados) también a olores, imágenes, momentos que siento en la piel, en las arrugadas palmas de mis manos, mis manos que aprietan y no pueden detener, porque la detenida soy yo, la suspendida en un trance único que para sí querría la beata Ludovica de Bernini; la que se sabe aquí y ahora y para siempre soy yo. Eso es vida. Mi vida. Sentirme, de una celdilla de tiempo y de atmósfera a otra. Sentirme aquí a la vez que siento todas las ausencias que me han conformado, y veo toda la Roma que vi y ya no veré, y me pregunto cómo llegué hasta aquí, y no sé responderme, pero me alegro.

Fragmentada. Detenida. Embalada.

De viaje.

* * *

En realidad, nunca hubo un todo. Nunca fui todo, nadie somos todo y los trozos rotos del espejo esparcidos por el aire de mi pensamiento constituyen el único amarre al que puedo aspirar. Supongo que muchos otros y muchas otras lo descubrieron y lo escribieron antes.

No tan mal, después del (no) todo.

Visiten nuestro bar.

Cuando iba al cine de pequeña salía un cartel en la pantalla, generalmente con el dibujo de un barman detrás de una barra, agitando una coctelera. Ni que decir tiene que no recuerdo los baretos de los cines que entonces frecuentaba, sí sé que era el momento de sacar la merienda y esperar pacientemente a que dieran la buena, la americana, o la no española (que había servido de aperitivo después del No-Do). A mí me gustaban todas las películas, lloraba con todos los dramones argentinos, mexicanos o sencillamente patrios, y si un inglés se mataba atravesando la barrera del sonido o los papás no podían subir a las lanchas del Titanic, eso ya era dolor indescriptible.

Ese fragmento de mí, el que asocio con Visite Nuestro Bar, es el de la ilusión, tan presente en mi infancia como todo lo otro, lo peor; la ilusión de llorar o de vibrar con las historias de otros. De estar, todavía, capacitada para ello.

Es con ese talante con el que, la mañana de mi cumpleaños, me desnudo por completo, me palpo cariñosamente los restos colgantes, los fuera de sitio, los grumos y las grietas. Y con una gran sonrisa, tumbada en la cama, como una *boterita* en flor, hago los ejercicios de estiramiento que me permiten despertar y salir a la acción.

Detrás de mí, la ventana que da al foro de Augusto y al inicio de la via della Madonna dei Monti. La altísima torre de'Conti queda enfrente. Construida en el siglo XIII por Inocencio III (el papa que proclamó la teocracia como poder terrenal supremo), tiene canijas ventanas medievales. Nadie puede ver los escarceos de mis vértebras y su acompañamiento carnal.

O sí. Según un comentario de TripAdvisor, quien ose visitar su interior será recompensado con «lindas vistas». Aquí, emoticono de guiño de ojo.

INTERMEDIO

Le cuento a mi editor que estoy atorada con el libro.

—Escribe sobre por qué escribes y cómo escribes.

—¿Eso no lo he contado ya?

—Y sobre por qué haces este libro.

—Eso lo he contado ya. Porque me caíste bien.

—Más, hace falta más.

Y entonces lo suelta:

—A ti te pasa una cosa.

Muda, porque sé lo que va a decir:

—Tu mayor cualidad narrativa es también tu mayor defecto.

—¿Mi capacidad de síntesis?

—Exactamente. Otro escritor, otra escritora, con lo que pones en un párrafo sacaría varios capítulos. Por eso te quedas pronto sin temas. Los vas soltando a chorro y te los pules enseguida.

Silencio. Un poco más corto, porque ahora sé lo que voy a decir:

—Pues esto es lo que hay.

Si volviera a nacer para el oficio, no me definiría como escritora, sino como descriptora impresionista.

Es por haber ido tanto al cine.

Intermedio. Visite nuestro bar.

SEGUNDA PARTE

20
Y AHORA, MARCHA ATRÁS

Sea, pues.

Voy a tratar de sacar varios párrafos, intentaré ser otro tipo de escritora, para no resumirme en un «escribo rápido porque miro mucho, me entero deprisa y no soy en absoluto torrencial en la explicación». También hablo mucho, de forma directa. «Habla en titulares», le señaló el actor Pepón Nieto a Álex de la Iglesia y a Edu Galán, entre otros comensales, el día en que nos conocimos. Parecía sorprendido. Mis amistades ya están acostumbradas.

Lo intentaré.

¿Empezó por las lecturas? No. Antes estuvo la mirada. Una niña que observa más de lo que debería ver a su edad; que mirando aprende, antes que el nombre de las cosas, las cosas sin nombre que hacen las personas y de las que deberá defenderse. Las acciones, los gestos y las amenazas, los gritos, las calumnias, las bajezas entretejidas, los mezquinos abusos, las mentiras, la hipocresía, los ardides que dan forma al acontecer más cercano. La niña sabe, aunque nadie se lo ha dicho; la niña intuye que en la vida no existen únicamente esos mimbres ponzoñosos, que en otro lugar brotan hermosos tallos verdes con los que podrá enhebrarla hasta hacerla consistente. Tiene que haber otra forma. Como en el cine. Rascacielos, gente que de pronto se pone a cantar y bailar, muchos colores. Y no solo una bruja mala al final del camino, al principio del camino, a mitad del camino, como único panorama. No solo la triste vuelta a casa, acobardada por el mundo exterior, abrazando al perrito. Tendría que haber un arcoíris en el que quedarse a vivir entre dos quebrantos.

Con los nombres de cuanto detesta e instintivamente rechaza (y con las otras palabras, aquellas que la salvarán), la niña se hará cuando haya empezado a acorazarse, a la fuerza, con ese alfabeto sin letras, factual a la vez que metafórico: cuajado de agujitas, de pequeños pinchazos, de incipientes desgarraduras que va protegiendo su interior con una narrativa paralela en la que refugiarse, huyendo del miedo. Porque miedo, temor, encogimiento, ganas de desaparecer, de que nadie te mire: eso es lo que buscas, un espacio fantasmal en el que te vuelvas transparente e insensible. No ver, no oler, no escuchar, no temer, no sentir que estás de sobra o de complemento indirecto (concepto, este, que todavía ignoras pero experimentas por completo su equivalente cotidiano, contenido en la frase: «Tú aquí eres el último mono»).

La calle, que tienes prohibida para jugar y mezclarte con los de tu edad, para que no se te peguen malas costumbres del Barrio Chino y para que no se te lleve tu padre, te ayudará más de lo que en ese momento supones y será, más adelante, tu mina principal de estilo.

«Que la nena vaya a la bodega a por un duro de hielo». «Que la nena compre los garbanzos en remojo en el *bacalao y legumbres* de abajo». «Que la nena consiga la bobina que necesito para el dobladillo». «Que la nena vaya al remendón a recoger los zapatos del tío Amadeo». «Que la nena encargue los canelones del domingo al hotel Oriente y vaya luego a recogerlos».

La nena iba creciendo, entre escapadas. También la situación interior, la tierna almendra acorazada, iba cuajando en el foco de la mirada y de la descripción de lo visto.

La calle me proporcionó visiones que, cuando las convertí en palabras, en pequeñas frases, siguieron ayudándome a crecer porque eran fuente de alegría.

Lentejuelas, sedalinas, zapatos topolino, faldas con raja, labios pintados, olor a mandarinas caídas de una cesta y pisoteadas entre las boñigas del caballo del carro de basura, la doble vida de la mujer mal casada pero bien vestida del entresuelo de enfrente, los antecedentes confusos de la mujer bien casada con el dentista pero con mucho escote para la moralina de la escalera, la tienda de serpentinas y petardos, un cine de barrio, dos cines de barrio, muchos cines de barrio por el camino, y tú, amorrada a las fotografías clavadas con chinchetas de la programación, eras Antoine Doinel cuando a Truffaut le faltaban siete años para crear *Los 400 golpes*.

Calles, sensaciones, paraísos, retazos de arcoíris reflejándose en los charcos del empedrado.

Las palabras que definen su autodefensa también cristalizarán cuando, ya adulta, comprenda la razón por la que callejeaba. Mientras lo hiciste, fue por puro instinto de huida. Portales ignorados por los mayores en donde esconderse, calles prohibidas por las que pasar para que no te encuentren, escaparates en los que perderte para hacer ver que eres otra, tiendas cuyo contenido explorabas para crearte un mundo distinto, un mundo hecho de realidades más bellas. Un negocio de costura era mejor que tu casa y un comercio de papelería y objetos de escritorio equivalía a una sesión de cine de sábado tarde. Mejor que aquella vida, la de cada día, era cualquier cosa. Aunque al principio no supieras cómo la tenías que nombrar.

Lo que la lectura trajo después de esa primera aproximación física fue, precisamente, la definición de lo intuido. Haber tenido la suerte de mal estudiar siempre brevemente y a destiempo, de soportar monjas pero solo dos cursos, los suficientes para odiar (también) aquello; de tener que aprenderme el *Cara al sol* pero recibir paralelamente el antídoto de las coplas y los tangos por la radio; la inmensa suerte de crecer en el Barrio Chino, donde la realidad era cruda, pero, si salías viva, si salías hecha, si salías firme, saldrías de todo para siempre.

La lectura trajo palabras. Parece una obviedad, es una verdad como un conjunto de templos egipcios. La disposición de las palabras, que la ignorante autodidacta sedienta en quien me estaba convirtiendo desconocía por completo. Sujeto, verbo, predicado. El nombre de las cosas y el orden de los nombres.

El don de describir rápido y lo mejor posible no es algo a lo que yo pueda renunciar. Lo aprendí mirando. Mirando deprisa, intentando comprender, rápido, por si no volvía a tener la ocasión.

Y esto es lo más torrencial que se me ocurre sobre por qué empecé a escribir y lo hago como lo hago.

En cuanto a mis razones para escribir este libro, son las mismas que me empujan a hacerlo casi todo. Para disfrutar. Quiero pasar mis últimos años, los que toquen y mientras pueda, sumergida en el goce más absoluto.

Por mal que soplen los vientos, por mucho que aprieten los verdugos, por catastróficos que resulten lo que han quedado en llamar mis cambios físicos.

Se lo dije a Gema, la ayudante de mi imprescindible urólogo, el doctor Galmés, que periódicamente me instila en la vejiga un mejunje invento suyo que me mantiene bastante en forma:

—Te he echado de menos mientras has estado de baja por maternidad.

—Y yo a ti.

—Es que me conoces mejor que nadie —contesté, mientras con su ayuda me subía en la camilla, me levantaba la falda y me abría de piernas—. Me conoces más que yo, yo ya ni me miro los bajos.

Nos echamos a reír y esas risas, nuestras bromas, las disfruto y las echaba en falta.

Ya veis que la vida se escribe a pincel lento y a brochazos rápidos. Y nadie es mejor o peor por ello.

19
ENTRE NOSOTRAS

—¿Te acuerdas de mí?

Esta pregunta con la que tantas veces nos asaltan a quienes escribimos libros, mientras los firmamos, me la lanzó una dama de edad casi tan respetable como la mía y vestida a lo Marta Ferrusola: traje de chaqueta, pañuelo de marca al cuello, cabello corto. Aunque no se lo veía, podía adivinar que llevaba el cogote afeitado al bies. Su catalán tenía el tono algo bronco del sur de Francia y eso removió muebles viejos en el trastero de mi memoria. Ocurrió en una librería de la Rambla de Cataluña, en el puesto instalado en el exterior, y yo tenía bastante gente haciendo cola, aunque no tanta como para impedirme charlar relajadamente con los y las solicitantes.

—¿No te acuerdas de mí? —se impacientó—. Ya no vivo en Perpiñán. Mi marido es de Figueras —añadió.

Mientras componía esa sonrisa de compromiso que se nos pone a los autores cuando queremos quedar bien, algo sonó un poco más arriba de mi (no afeitado) cogote.

Y entonces supe quién era: Ginette.

* * *

Hay amistades que se convierten en adicciones. Amistades tóxicas, también entre mujeres.

Cuando el feminismo más monjil intenta convencernos de que todas somos buenas y todas nos queremos, y de que incluso somos capaces de seguir queriéndonos cuando nos robamos las novias, porque por el simple hecho de ser mujeres somos incapaces de hacer el mal y la generosidad nos rebosa por las tetas, cuando eso sale a relucir en conversaciones y en actitudes, me rebelo como si me arrebataran un derecho. Lo están haciendo. Jibarizarnos en nombre de un feminismo entendido como una soflama, una construcción tan perfecta que no admite grieta alguna. Tanta irrealidad, tanto idealismo constituye una carga, y puede que el edificio se desmorone un día u otro. Fatiga de materiales.

En la amistad entre mujeres caben múltiples variantes. Incluso las malas. Por suerte, porque eso quiere decir que somos adultas, que somos individuales, que somos humanas. No todas nuestras amistades tóxicas lo son todo el rato ni todas nuestras amistades buenas carecen de momentos envenenados. Somos complejas, múltiples y polivalentes.

Ginette fue mala a tiempo completo, la primera que supo ver mis puntos débiles, mis inseguridades, que supo sacarles provecho desde el principio. Y yo pasaba por una muy mala época cuando la conocí. Sin trabajo, recién salida de un aborto en el que casi me desangré y, lo que es peor, sin ver claro mi lugar en el mundo.

Donostia, en el festival de cine, a mis treinta y pocos. Ginette estaba sentada al fondo del antiguo restaurante Guría. Desalentada por mi falta de empleo (fui al festival como maleta y muleta de alguien que tenía que entrevistar a un gran director de cine y que me necesitaba para que le diera información) y por todo en general, me senté cerca de ella.

Abrí un libro. Ella abrió otro. El libro era grueso y ella era delgada, una de esas mujeres largas y totalmente rubias, lacias, pero de mirada muy atenta, inteligente. Empezamos hablando de literatura y seguimos haciéndolo de nosotras mismas. Deduje que no tenía oficio ni beneficio, pero que su familia nunca la dejaría caer. Que eso es lo que nos diferencia a los pobres de nacimiento del resto de los humanos: carecer de colchón familiar.

Más adelante descubrí que también era una gorrona, pero para entonces ya la tenía instalada en casa, durmiendo en el sofá de la sala y con una guitarra junto a sus escasas posesiones. Sí, una guitarra que tocaba monótona pero insistentemente.

¿Cómo la soportaste?, os preguntaréis. Tengo una teoría. Del mismo modo que el hecho de que mi padre me abandonara a los siete años ha influido en mi forma de enfocar las relaciones amorosas con los hombres, también me marcó la reacción de mi madre ante el evento. Nada de salir a la calle bailando y dando palmas por haberse librado de un maltratador: se convirtió (y me convirtió) en víctima y nos puso a disposición de una parienta, la mujer más retorcida que he conocido hasta ahora. Esa tía carnal de mi madre solo era un poco mayor que ella y disponía de muchos recursos emocionales para protegernos al tiempo que se apoderaba de nosotras.

De vez en cuando, la marca al hierro que arrastro desde la niñez se encuentra con alguien que sabe sacarle partido.

Nadie como Ginette.

Leí hace poco que un negocio de citas de esos que utilizan los jóvenes propone encuentros de siete minutos, uno tras otro, para que te hagas con alguien afín a ti que pueda resultar una buena pareja o una buena amistad. Me recuerda una secuencia en un capítulo de *Foyle's War*, cuando al regresar de la Segunda Guerra Mundial los soldados británicos, desubicados, sin trabajo, víctimas de estrés postraumático, recibían atención más o menos durante ese tiempo, siete o diez minutos, por parte de voluntarias que hacían lo que podían para darles acomodo o simplemente consuelo, un poco de conversación.

Ginette y yo no necesitamos tanto tiempo para trabar amistad, y por entonces mi ignorancia sobre lo que ocultan los servicios de socorro disfrazados de alma gemela era supina. Perdida como estaba, cuando se invitó a pasar un tiempo en mi pequeño apartamento para hacerme la compañía que tanto precisaba, pensé que aquella amiga inesperada iba a resolverme la vida.

No. La disolvió.

Y durante un tiempo vivió de mí a cambio de darme destructivos consejos y de dedicarme alabanzas esgrimidas con tal traza que acababan por desanimarme. Con los días, las semanas, los meses, y ella tocando la guitarra, aquellas interminables charlas nuestras que al principio tanto me atrajeron empezaron a pesarme como grilletes. Al despertar y verla en el sofá-cama, soplándose tranquilamente mi café y mis galletas, me entraba tal socavón que regresaba a mi dormitorio sin desayunar con tal de no verla.

Lo fascinante es que no podía, no sabía, no quería echarla. Era una experta en carcomerme la moral. Imaginad que encontraba un trabajo. Cutre, mal pagado, pero un trabajo, al fin. Como era por entonces mucho más tonta que ahora, se lo consultaba a mi amiga del alma.

—Con lo bien que escribes, qué lástima que los buenos periódicos no lo sepan ver, ¿no?

Muchos años después, gracias a Martin Short, supe que lo suyo era lo que llaman *el halago envenenado de Broadway* (¿o era Hollywood?). Algo que he ido encontrando en algunas amistades femeninas sin que, por fortuna, sus palabras hagan ya mella en mí. Tipo: «Qué bien te sienta *hoy* ese vestido. Ese vestido, *sí*». O: «Qué buen tuit has puesto hoy. *Eso* sí que se te da bien». Id a tomar por saco. Que os mande a paseo no me hace peor feminista.

A Ginette me costó sacármela de encima porque era perversa por dentro. Conforme me debilitaba ella se crecía, y habría acabado quedándose con el piso alquilado por mí si la portera, lista como el hambre, que ya me había salvado de un novio en otra ocasión, no me hubiera puesto contra la pared. «Usted era antes una mujer animosa, incluso cuando lo pasaba mal. Vamos a cambiar la cerradura».

Dejamos sus cosas en el portal. Y la guitarra.

Cuando me llamó para quejarse, no pudo evitarlo (nunca podía; le brotaba): «No sé cómo vas a salir de la depresión sin alguien como yo que ponga en valor las cualidades que *todos* los otros no ven».

* * *

Ginette, menos esbelta y con el pelo y el resto a la Ferrusola, me miró desde su altura mientras yo devolvía al trastero la breve película de nuestra amistad y tomaba un libro para dedicárselo. Imbécil de mí.

No lo abras, no hace falta. No lo voy a comprar, no te molestes. Como colofón: «Qué pena me da que no te traduzcan al francés».

Hice un gesto con la cabeza y sonreí. Siguiente.

18
SI ME QUIEREN AMARGAR, HE SALIDO

Hoy despierto con una triste doble noticia: el falleci-
miento de Paul Auster y de Miguel Hernández, el libre-
ro que me lo descubrió.

Échale sentido del humor a eso.

Sin embargo, es inevitable recordar a Miguel, y las
risas con Miguel, cuando nos dedicábamos, cada vez
que llegaba un cliente, a adivinar por su expresión a qué
sección de la librería iba a dirigirse. Él acertaba siempre,
yo no. Era un *bon vivant* y así es como voy a recordarlo;
sus risas, nuestras risas. De Paul Auster quedan los libros y cientos de fotos presididas por el secreto de sus
ojos.

Era otro Madrid, aquel en el que conocí a Miguel.
Otra España, recién pasados los sustos con disparos en
el Congreso y donde la sección de Cultura de *El País* y
el propio periódico reinaban no solo en la pomada polí-

tica y en los cenáculos culturales, sino también en la Machado, sobre la mesa de honor de las novedades literarias recomendadas por el «periódico de la transición». Como siempre, yo era una cabra suelta dentro de aquel tinglado que orquestaba Juan Cruz y que me abrumaba, pero al que me gustaba pertenecer. De su solemnidad huía a través de la ironía, de la risa, del desacato, la mala leche. Y Miguel, cuando me acercaba a verlo y a comprar, y llevaba conmigo a los críos que conocía para que disfrutaran en la magnífica sección infantil del fondo, era un buen compañero ocasional con el que desacralizar e ir a lo importante, a la literatura, a los descubrimientos, a las relecturas.

Reír y reírse de uno mismo es el lujo al que se accede posiblemente por un don inicial (el de conocer la propia insignificancia y la del mundo en general) y que quedaría resumido (si fuera un don de nacimiento) en la frase con que Rafael Sabatini definía a su *Scaramouche*: «Nació con el don de la risa y la intuición de que el mundo estaba loco». Mi amigo Terenci Moix la tenía como *leitmotiv*, pero me parece también significativo que encabezara el primer tomo de sus magníficas memorias al desnudo con una réplica de Eleanor Parker en la película que protagonizó Stewart Granger: «¿Quién es Scaramouche? ¿Por qué oculta el rostro tras una máscara?».

Dicho de otra manera, ¿eres triste en el fondo y disimulas con tus risas? Rotundamente, no. Pero no vine al mundo con la carcajada y la sorna bajo el brazo.

O tal vez sí. ¿Cuánto tarda en manifestarse, cómo de resistente ha de ser el sentido del humor para abrirse paso en un país de mierda como aquel en el que crecí? ¿Cómo de perseverante ha de ser para alzar la cabeza incluso en el país de mierda en que quieren convertirlo los cromañones que ahora nos acechan?

Se nace y se hace. Se descubre.

Mi descubrimiento se produjo conforme fui sintiéndome a gusto en el lugar en el que escribía, con las cosas que escribía y a las que no otorgaba importancia (otro secreto: no creerse grande, saberse tomar la medida), pero que me ayudaban a descubrir las paradojas de las que me alimentaba, y en las que este país, que puede albergar muchos desastres, es increíblemente rico. En *Fotogramas* y de la mano de la hábil Elisenda Nadal tuve que hacer de todo, y haciendo de todo me reí mucho. Por eso ahora pienso que es indispensable disfrutar con el trabajo para sacar a flote lo que sea que tengas como sentido del humor en la reserva.

Paulatinamente fui abandonando la intensidad y el dramatismo de la adolescencia y entendí que, incluso en el franquismo, te puedes reír: siempre que estés lejos de un guardia, de un cura o de una comisaría.

El sentido del humor puede convivir con la tristeza, pero no con el resentimiento. Un resentido o una resentida pueden actuar con sarcasmo, pero ellos y sus víctimas serán después peores. El resentimiento, la envidia y la amargura solo se resuelven en pullas, retintines, torcimientos de morro, *hummmmms*, golpes bajos. Por ejemplo, si yo hubiera tenido sentido del humor durante el episodio de la amistad femenina tóxica que os he descrito en el capítulo anterior, habría podido defenderme de la insignificante mujer que socavaba mi seguridad. ¿Por qué no lo hice? ¿Por qué no me desovarié y la puse en la calle nada más verla aparecer en mi piso con una guitarra? Porque mi sentido del humor me había abandonado. No tenía un buen trabajo donde escribir como me gustaba.

Los años que pasé en *Por Favor* rodeada de extraordinarios humoristas ayudaron lo suyo, aunque puedo presumir de que me contrataron porque ya apreciaban mis ironías, puestas en evidencia en mis escritos en *Fotogramas* y en *El Papus*. Nunca he recibido mejor educación que durante aquellos años, los últimos con el Paco vivo (o lo que fuera), rabiosamente rudos, con ejecuciones, prohibiciones, juicios. Y, sin embargo, en cuanto podíamos nos reíamos. De todo. A veces, incluso con los jueces que ya estaban hasta las narices de cerrarnos el chiringuito.

Reírse de una y de uno mismo, reírse a solas, interpelarse en la vejez, ver el lado ridículo de tu vida y al mismo tiempo quererla como es, y dedicarle de vez en cuando una ironía. No se trata de contar chistes. Personalmente, detesto a las personas que siempre están contando chistes (salvo aquellas a quienes aprecio: querido Ramón Lobo, los tuyos eran los peores).

Hace más de veinte años tuve una no relación con alguien al que llevaba una treintena. Guau. No solo era inconveniente desde el punto de vista social, sino totalmente inadecuado porque el chico en cuestión, bellísima persona, no estaba dotado para relación alguna, aunque sí algo deslumbrado por la atención que yo le prestaba. No hubo nada físico, salvo expresiones maternofiliales que el pobre soportaba como podía y mucho prepararle fiambreras para que comiera bien. Fue una temporada intensa, comprendedlo: el adiós a la vida de mi última hormona.

Me di cuenta de que lo había superado un día en que comimos. Le estaba contando una hazaña sexual que compartí con un exnovio (los polvos con los ex son de lo mejor), mientras el susodicho conducía su viejo coche por las curvas de lo más escarpado de la Costa Brava, cuando le vi realizar extrañas maniobras con la servilleta: tenía una erección de caballo.

No me dio tiempo a reaccionar, porque justo en ese momento me atraganté con un trocito de salmón a la plancha, esa sequedad virulenta del salmón que ha sido una plaga de nuestro tiempo. Y entonces, luchando para sacarme la plasta de dentro, empecé a reír, y se me saltaron las lágrimas, pensando en las muchas formas de hacer el ridículo que tenemos hombres y mujeres cuando nos salimos del tiesto.

Ahora que se lleva tanto la crispación, la intensidad, la alabarda esgrimida con veneno, permitid que me pase la manita por la tripa y me ría de mí, de todas las veces en que he metido la pata, de todo el ridículo con el que me he cubierto. De cuando me he sacado la chaqueta sin quitarme el bolso y los sostenes sin desnudarme. Del dedo pulgar del pie derecho que por las noches se me dispara, como un duende perverso, y tengo que sacarlo al fresco para que se calme el dolor.

Dejad que me ría de las investigaciones que hago en IMDb cuando veo una peli o una serie antiguas: ¿cuántos de los intérpretes siguen vivos?, busco nombres, fechas, causas. De una cosa puedo estar segura, concluyo: los caballos, los perros y los gatos cayeron primero.

Así que no me deis la turra con la fragilidad de la vida, del tiempo que nos engulle y de la salud que nos falta. Estoy aquí. Y esa es una ironía suprema, ¿no os parece?

* * *

Lo escrito, no obstante, escrito queda. Ya os dije que este libro va también de aceptar las mierdas adheridas a nuestras suelas.

Añado posdata:

Ayer se me acercó una fan de unos cuarenta años, de entre esa buena gente que me ha descubierto en *Lo de Évole* y hablando en el programa de Àngels Barceló. Parecía muy tímida y le costó arrancar. «Acabo de separarme y tengo un problema con mi niña», soltó. Me asustó un poco, porque normalmente lo que sigue es que la persona que te interpela cree que posees el secreto de la felicidad y que vas a darle la receta.

Me apuntalé en el bastón. «Es que mi niña ha empezado a tocarse ahí abajo, y yo no sé qué hacer». Respiré con alivio. De eso sí podía hablarle. «Yo empecé a tocarme cuando mi padre se fue de casa, tenía siete años. Los críos buscan la felicidad donde pueden, no se preocupe. Sobre todo, no la riña, intente que no lo haga en público para evitar que se rían de ella, y déjela aprender qué es lo que le gusta. Así se lo podrá pedir a sus parejas cuando sea mayor». La mujer sonrió y dijo: «Qué mal nos han educado a algunas, ¿verdad?». «Más de lo que se puede imaginar», le dije. Y añadí: «Nadie se escandaliza por que un niño se toque la pilila. Pues lo mismo para la suya y todas las niñas del mundo».

Brecha orgásmica, mi pie.

17
LOS NUEVOS MONSTRUOS

He tardado en empezar este capítulo, intentando despojarme de la rabia y de la ira que siento. Esta mañana, los israelíes, que continúan exterminando a los palestinos de Gaza y vandalizando a los de la Cisjordania ocupada, han bombardeado, en el sur del Líbano, el pueblo de uno de mis amigos de allí, Mahmud. Israel ha causado ya muchas bajas en esa zona libanesa, en una fuerte lucha contra Hizbolá que se ha cobrado demasiadas víctimas civiles. Mientras, los cristianos maronitas, tan falangistas ellos, contemplan el asunto como si no les incumbiera y esperan a que los de Netanyahu acaben con la milicia chiita. Qué desastre todo.

Esta vez fui yo quien mandó un mensaje a Beirut, a mi querido Jesús, diciéndole que necesitaba escuchar su voz. Era la hora de la comida, estaban en la montaña, cerca de Faraya, y me enviaron fotos. Sentí la brisa fría de la altura en el pañuelo con que Pascale se envolvía la garganta.

He escrito por aquí que no me gusta volver atrás, que cuando me voy no siento nostalgia. Y es cierto: el sentido de mi llamada de socorro no era ese, sino la convicción de que es el mundo a mi alrededor el que ha retrocedido.

Cuando por la noche pude hablar con él durante un buen rato, como si estuviéramos juntos en el anochecer de la Corniche, me confirmó el horror del pueblo de Mahmud, hablamos de los conocidos mutuos y, por fin, le confesé: «Te juro que, con tanto nuevo monstruo surgiendo en todas partes, preferiría estar ahí porque...». «Porque a estos ya los conocemos», terminó mi frase.

También porque hay algo muy atrayente en la forma en que las tragedias a la libanesa se suceden, que es algo así como un fatalismo, una indolencia ante la inutilidad del sufrimiento y la pervivencia del mal, un dejarse ir porque esto no hay quien lo arregle. En fin, una medicina letal que en días como hoy necesito a cubos, asfixiada entre la crueldad de los unos y la complicidad de los otros, el incesante parloteo y los hechos, los hechos consumados que caen como un telón de guillotina sobre la época feliz que hemos vivido los privilegiados por la paz durante unas pocas generaciones.

Volver atrás añorando esos tiempos nuestros tampoco es de recibo, porque esos tiempos condujeron a estos lodos. Somos una sociedad de pánfilos y biempensantes y bien intencionados, por un lado; grabamos vídeos, firmamos manifiestos, nos concentramos o aplaudimos a quienes lo hacen. Por nuestra dignidad, contra los bulos de la fachosfera, por el fin del genocidio, contra la venta de armas a Israel, contra Eurovisión. En fin: eso quiere decir que no estamos definitivamente fuera de compasión ni de empatía, degradados, que hay marmitas entre nosotros que todavía bullen contra la injusticia. Los universitarios, los judíos antisionistas, los de la cultura y los de la Sanidad Pública, la gente anónima que se rebela y se junta y alza la voz. Todo eso está bien y nos permite no sentirnos personalmente abochornados. ¿Sirve para algo? Lo dudo.

Estamos siendo gobernados por necios o por impotentes, en el mejor de los casos por personas que saben lo que tienen que hacer y a quienes les gustaría hacerlo, pero no pueden por el jodido contexto internacional o porque se han acostumbrado a reunirse para decidir si mojarse o no mojarse cuando no hay beneficio directo del que disfrutar y sí algo de reputación que perder. Durante décadas, los diferentes grupos de presión sionistas han trabajado a fondo para hacerse con la exclusividad del victimismo y de los negocios (que se lo pregunten a Hollywood y al *mogul* de la prensa Rupert Murdoch, por citar solo a los clásicos), y ahora tenemos todos, de una forma u otra, salpicaduras de la sangre palestina que empezó a manar hace 75 años.

Rabia e ira, eso es lo que siento. Me hice periodista cuando el Ejército de Estados Unidos mataba a los estudiantes que protestaban en Berkeley contra la guerra de Vietnam, cuando los monjes budistas se quemaban vivos; y me estoy haciendo muy mayor mientras los benditos estudiantes de ahora reproducen sus acampadas y los policías, vestidos de Terminator, entran a saco para reprimirlos, o asaltan y golpean a los manifestantes en las calles de nuestra, oh, ejemplar Unión Europea de la amiga de Vox, frau Braundermeyer.

Qué asco, coño. Qué pena.

Si la política no sirve para mejorar la vida de las personas, de cuantas más personas mejor y cualquiera que sea su origen, ¿para qué sirve entonces la política? Si el modo de organización que nos hemos dado en democracia presenta tantos y tantos agujeros negros, ¿por qué ha de extrañarnos que quienes no han conocido una vida peor deseen regresar al inexistente paraíso perdido del pensamiento único, el negocio insaciable único, el a mí me va bien y, si a ti no, te jodes?

Y cómo no he de preferir yo vivir entre los diversos Corleone de las diferentes taifas libanesas, ya conocidos, antes que adaptarme a estos nuevos monstruos y monstruas fratricidas que emergen de una especie de Averno congelado, en versión pop con serrucho o mantón de Manila o, y eso me parece aún más peligroso, con la melenita rubia y lisa y la mirada maligna y antiabortista de Meloni. O con la uniformidad de macrogranja de los cayetanos *aborbonados*.

¿Les he de ver, antes de morirme, apoderarse de nuevo de todo lo que nos es común?

Como es costumbre en mí, gracias a mi educación en salas de barrio y a mi tenaz y consoladora cinefilia, cultivada desde la adolescencia, me refugio en películas de las que ya os he hablado y que me pueden reconfortar porque ya alguien dijo antes, mucho antes, cómo estaba empezando lo que iba a pasar, este mundo tan insensible y tan caníbal con los más débiles.

Es entonces cuando me hago una tarde-noche de William Wyler y me tranquilizo con la rectitud moral de Gregory Peck y Jean Simmons en *Horizontes de grandeza,* seguida de esa fina disección de los inicios del capitalismo inhumano que es *La loba,* como titularon aquí *The little foxes,* basada en la obra teatral de Lillian Hellman. Una película de 1941 que, pese a que los maquillajes pueden parecernos ahora muy anticuados, a mí, que solo soy antigua en el sentido de acumular solera, me parece un exquisito melodrama ejemplarizante. Con sus codiciosos personajes (Bette Davis y sus hermanos) dispuestos a todo para hacerse con exorbitantes fortunas, con su capitalista de rostro humano, Horace (el cojito mejor disimulado del cine, Herbert Marshall) y con un dúo de jóvenes, la hija Alex (Teresa Wright: una de mis favoritas) y el periodista de provincias que empieza y ya lo ve todo, comenzando por la censura que ejerce su periódico en favor de los poderosos.

Hay en esa película feminismo (menuda era Hellman) en la escena del porche, cuando la vieja, defraudada y alcoholizada tía le dice a Alex: «No me quieras, o dentro de veinte años serás como yo»; y hay un tajante rechazo a lo que Horace, con su saqueada caja fuerte en las rodillas y a punto de palmarla de un ataque cardíaco, define en pocas palabras: «La gente como vosotros se apoderará del país, de todo».

Creo que el «de todo» lo he añadido yo, que nací dos

años después de que se rodara *The Little Foxes* y que sigo teniéndola como una especie de remedio casero para los malos momentos: ahí van, al final, los dos jóvenes, la hija y el periodista, huyendo juntos, bajo la lluvia, de ese mundo asqueroso al que no desean pertenecer.

Me parece que los jóvenes universitarios que ahora acampan por la más perdida de las causas, Palestina, que lo hacen también contra nuestro saqueo climático y contra tantas injusticias, son como Alex y David corriendo hacia la luz en mitad de la tormenta.

Ojalá se salven. Y que, con ellos, se salve algo.

16
PLANAZO: «EMPUJA, MÁS, DAME MÁS»

Como la mayoría de los seres humanos, alardeo de un oscuro pasado en relación con la gimnasia. Vengo de un mundo sin aerobic, sin pilates y sin otra cultura física que arrastrar el cubo de fregar o levantar los brazos para colgar la ropa de las cuerdas de los tendederos, en aquellos terrados de Barcelona a los que glosaba el difunto cantautor Enric Barbat (lo estoy escuchando ahora): «*Si et lleves algun cop / en una gran ciutat / i veus la roba blanca / com pentina els terrats...*».

Sí, elevábamos los brazos para ayudar a nuestras madres a que nuestra ropa blanca, nuestras mermadas sábanas, peinaran las azoteas de la gran ciudad. Esa era la gimnasia de las niñas en los barrios pobres de los años cincuenta. Para los niños eran más las calles, las correrías, las *aventis* a lo Joan Marsé. Luego había un movimiento que unas y otros repetíamos mucho: abrir y cerrar tebeos, nuevos o en reventa. Ahora que lo pienso, eso debería contar.

En el colegio de monjas crueles al que me mandaron por suerte solo dos cursos la llamaban *sueca*, y seguramente por eso la enseñaban mal y, en el patio, estaban más pendientes de que no se nos vieran las bragas que de que hiciéramos bien los ejercicios. Algunas de las niñas, más domadas, acudían con pololos, esa cosa que llega hasta la rodilla.

Ya trabajando, como a los diecisiete, y *enromantizada* de un compañero de oficina, me apunté a un gimnasio que estaba en la cúpula de un edificio de la barcelonesa vía Laietana. Como tenía que salir con el chico en una semana y quería estar (ilusa de mí) juncal y prieta, casi me comí el potro. Y allí acabó mi experiencia juvenil.

Luego he peregrinado en idas y venidas y, ya en mis setentas, por fin encontré la perfección en un establecimiento especializado en máquinas para rehabilitar, una cosa entre movimientos para mayores y repeticiones para rotos de cualquier edad. Me iba muy bien, hasta que la muchachada independentista empezó a cortar calles y tuve que renunciar a atravesar la Diagonal *on fire* para alcanzar mi *fitness* de la penúltima edad.

Y ahora, gracias a mi amigo y benefactor Edu Galán, tengo a Wil, su entrenador personal, el de mi comadre Marta Flich y parece que también el mío. Su local, pequeño y aseado, está a tres minutos de casa. Mejor imposible. No es mi entrenador personal por cuestión de lujo, sino porque, debido al estado de mis huesos, no puedo participar en el grupo de señoras mayores, entre ellas Lola, de la frutería, que se benefician de los ejercicios.

Tengo a Wil para mí sola, y su forma de pastorearme amable pero firmemente y con gran conocimiento de mi cuerpo hace que me sienta frente a Sally en el momento del, ya saben, falso orgasmo dedicado a Harry.

«Me gusta, eso me gusta». «Más, más, más». «Aguanta, aguanta, aguanta». «Eso es, sigue, sigue así». Pero mi preferida es: «Empuja. Empuja, empuja, empuja».

Wil es venezolano, cordial y con mucho sentido del humor. Sin dejar de sonreír, me somete a sevicias dignas de un local sadomaso. Siempre se lo digo: «Todo eso que tienes colgado nunca sé si pertenece a un sótano de la Santa Inquisición o a una *sex-shop*». Él ni reconoce ni desmiente. «Dale, dale, sigue, eso es, así, así, no saques el culete».

Empecé yendo dos veces a la semana y al cumplir las veintipico sesiones he decidido aumentar a tres. Os puedo decir que a cualquier edad, incluso a la mía, el cuerpo agradece los ejercicios adecuados. Y es el momento en el que la gimnasia adquiere su dimensión más noble. No es por la belleza, es por la salud. Es una suerte de reencuentro con la propia envergadura física, que nada tiene que ver ni con los cánones dominantes, ni con los complejos de inferioridad, ni con los kilos de más. Ni siquiera con el derecho a la pereza. Ejerzo mi derecho a la pereza mientras obedezco a Wil porque sé que hago exactamente lo que quiero en estos años restantes y mientras el cuerpo aguante que me relacione con él aguantando pesas, acarreando poleas o levantando piernas.

Mi cuerpo es un campo de batalla que está siendo invadido por diferentes enemigos. Esto no es mío, seguro que lo he leído por ahí. También es un trozo de animal para manejar. Cuando mi rehabilitador de rodilla me masajea (momento líquido sinovial espeluznante), me abstraigo contemplando su trabajo y solo veo un trozo de carne manejado por unas manos expertas. Eso somos, trozos de cosas que alguien tiene que cuidar mientras envejecemos.

Al salir, entre el gimnasio, la frutería y la farmacia voy hablando con el vecindario. «Yo siempre vuelvo baldada», dice Lola. «Pues anda que yo, voy a desparramarme en el sofá, como primera medida». A esa hora, Lola y su hermana se sientan en el banco que está frente a la frutería y le dan la merienda a su anciano padre (mi *papa*, dice Lola: sin acento, como en mi territorio barcelonés del gueto murciano), que está en silla de ruedas, pero lúcido y cariñoso.

Siempre me pregunto si llegaré a su edad. Lo que nunca me contesto es «pero nadie te llamará *mama*», porque esa fue una decisión consciente y mantenida a lo largo de los años de fertilidad.

Wil cuida mucho de su hija preadolescente (la verdad es que de eso no entiendo, pero creo que está pasando de niña a mujer) y se toma los fines de semana largos. A menudo me recibe el viernes a las cinco y esa es su última sesión. El miércoles pasado, después de atenderme a mí, tenía un nuevo cliente, un crío de once años que llegó con su madre, supongo que por ser la primera vez.

Es un chico dulce que se cruzó conmigo con una sonrisa, y yo pensé que posiblemente, estando en el otro extremo de una vida, casi en su comienzo, acudía al gimnasio por la misma razón que yo: para reforzar la seguridad y aumentar la autoestima física. Estuve a punto de aconsejarle que aprendiera a boxear y también artes marciales, porque me pareció un ser delicado que merece saber defenderse de los abusones en esta vida. Pero qué sabré yo.

Conforme él entraba y yo salía, no pude evitar acordarme de esa breve obra maestra de Irène Némirovsky, *El baile:* con qué sutileza describe el cruce entre dos vidas, la que termina (rencorosa, la madre) y la que florece (decidida, la hija). Sonreí con ternura y también con cierta satisfacción porque le estaba deseando al chico décadas de seguridad, de bondad y de fuerza.

Es importante saberse preparar para largarse de este mundo sin otro bagaje que la gratitud por lo vivido.

15
COMO CONSECUENCIA

En este capítulo debería detenerme y reflexionar. Como resultado de la euforia que experimento cuando libero endorfinas con Wil, en este momento tendría que arrastrarme entre mis miserias y plantearme unas cuantas cuestiones de importancia.

Obviemos, por obvio, el de dónde vengo y el adónde voy; no en este libro, sino en general. Ya lo conjugamos, con reconcomido placer, quienes fuimos atosigados por la angustia vital viendo *El séptimo sello* de Ingmar Bergman recién empezando a ser mocitas y mozuelos.

La cuestión más pertinente y, por eso, pertinaz, sería, a mi entender, qué me está dando este libro y qué le estoy dando a él. Como consecuencia (de ahí el titular): qué estoy dando a los lectores y las lectoras.

Criaturas mías, os doy, me doy, lo que puedo. Un poco de buen humor, un par de consejos prácticos, unas cuantas anécdotas, unas pocas experiencias. Bolsos, mochilas, carteras, pequeñas maletas. Nunca maletones. Escribo también, o sobre todo me gustaría hacerlo, para evocar. Por mucho que me atraiga el brío de la juventud, y a pesar de mi inevitable implicación con el presente, porque soy un ser social y no una ermitaña, y porque nunca abandono a la cronista que hay en mí, surfeando contra la corriente del tiempo que pasa destaca la gloria de la remembranza.

Evoco ahora, escribiendo, porque quiero recordar, y seguramente esta es una de las razones por las que me envuelvo en este libro como quien recupera el calor de un viejo amante, de una vieja bata casera, de una vieja ventana que siempre da al mismo patio.

El patio de mi casa no es particular, cuando llueve se moja como los demás, cantábamos de niñas. Pero lo cierto es que si el patio al que me asomo cuando evoco en mi duermevela o ahora, dándole al teclado, es mi memoria, entonces sí es particular, como el de cada persona que ha pisado este planeta el tiempo suficiente para cuajar entre los otros.

Escribir me ayuda a comprender, lo dije en algún libro, pero ahora que soy mayor he dejado de acometer ese esfuerzo. Ya sé que no hay explicación, que carecemos de sentido y que todo esto también pasará y será como si no hubiera ocurrido nada. Pasará el Antropoceno y no habremos sido nada pese a todo lo destruido, pese a la indiferencia con que machacamos nuestros recursos, pese a la soberbia que esa sensación de poder nos produce. Caminarán androides por donde hubo currantes; se decidirá la tendencia sexual simultáneamente al calentón (un chip o algo por el estilo servirá para eso); se acabarán, por tanto, las discusiones sobre género e identidad; habrá cerebritos inteligentemente programados para el artificio que nos venderán cosas, incluida nuestra propia alma o conciencia o sentido de la trascendencia, y puede incluso que existan templos del recuerdo de los pensamientos anteriores. Caminarán otros seres sobre la tierra, lejanos descendientes nuestros hechos con órganos y con prótesis (si yo, que soy una dama normal, ya tengo una prótesis de titanio, fundas en los dientes y cada mes me regeneran el ojo y la vejiga, imaginad hasta dónde podemos llegar), y quién sabe a qué vicisitudes se enfrentarán, si olerán flores o acariciarán perros, si se reproducirán en el gabinete del doctor Mabuse o del doctor Mengele o en el del doctor Who.

Me da igual.

Lo importante es que el patio de mi memoria es particular aquí, hoy y puede que durante un corto mañana, mientras ningún viento de senilidad se acerque demasiado a mi ventana. Por eso las palabras son tan importantes, de ahí mi apego a este libro. Y mi miedo a terminarlo, a pesar de lo corto que escribo. Me gustaría alargarlo interminablemente, un capitulito tras otro, hasta acabar dictando o solo pensando: «Tuve una buena vida, una muy buena vida».

Si escribo Monastiraki sé que camino desde Sintagma, calle Pericles abajo, en una Atenas anterior a la crisis económica, anterior a la esperanza de Syriza y al derrumbe. Sé que entraré en la pequeña iglesia circular que hay hacia el final y que, como he hecho siempre aunque soy atea, encenderé una vela a la Pelagia para asegurarme volver. Esa es la imagen que evoco, pero no voy a engañaros, puedo hacerlo también sin necesidad de escribirlo, en mis noches de insomnio o de repente en la cocina, mientras muevo cazuelas y me viene una antigua canción de Melina Mercouri. Y luego paso a otra cosa, como aquí; paso a recordar lo mejor de Platka, el resbaladizo, precioso mármol de sus calles, y la súbita vista de un cerro preñado de monumentos al final de una vertiginosa compulsión de peldaños irregulares, suelo y cielo, pies y pupilas, y en cualquier rincón deslumbrarse con un alud de buganvillas moradas. Y pocos turistas, porque siempre iba en octubre y de eso hace como diez años.

Mis cogitaciones sobre androides me vienen cuando discurro por la calle de Alberto Aguilera y me fijo en que, en el tramo que va de mi calle a la glorieta de Bilbao, todo el mundo va hablando por teléfono, con auriculares o no, y me pego a la pared para que no se despisten y me conviertan en croqueta. Sin embargo, entre Bilbao y Alonso Martínez, ni un teléfono. Caigo en ello de pronto: ese día, por ese tramo circulan solo personas mayores como yo.

Pues ahí también ha cuajado una evocación. De última hora, con poco fuste aún, pero ya me vendrá algún día en la cama, mientras espero el sueño y escucho pódcast, ya me vendrá el repentino silencio que me sorprendió mientras caminaba entre mis pares en un reducido universo, en un trocito de tiempo de silencio aislado del futuro que ya está tan presente en nuestros comportamientos.

Echo en falta las pequeñas cosas, a los vendedores de espléndidos altramuces en las callejuelas de Hamra, esos milagros beirutíes modestos y anticuados; altramuces que el hombre extraía de un bidón, chorreando agua fresca, y te los entregaba, embutidos en un cucurucho, después de arrojarles un puñado de sal. Junto con muchas herencias, la sangre de mi madre me pasó ese amor por los *chochos* murcianos, que recuperé, más pletóricos y reverenciados, más al alcance del paseante, en un raro lugar del otro lado del Mediterráneo.

Escribo este libro para compensar las carencias, claro que sí. Encerrada en mi pequeño apartamento que parece el de una chica soltera, porque solo Marlene me hace la cama una vez a la semana, el resto me apaño estirando las sábanas cuando ya estoy dentro, como he hecho siempre desde que me emancipé. Encerrada, decía, ahora mismo con las persianas bajadas para no ver a los *babaus* que acuden en tropel a *selfiarse* en Madrid durante el fin de semana, y también porque el sol pega fuerte en mi ventanal hasta primera hora de la tarde, y también porque así me concentro mejor. Encerrada, insisto, nunca dispuse de un patio más mío y más amplio para rememorar mis recuerdos que esta consecuencia que soy de lo vivido.

Las prefiero escritas, las evocaciones, porque para mí escribir ha sido siempre compartir lo que era y hacía, cualquiera que fuera el medio, en cualquier soporte.

Cuando pienso que escribo para mí y para alguien a quien le gustará, o que me entenderá, desaparece el síndrome del impostor, algo que debería tener que sentir pero que, en realidad, nunca me ha torturado porque nunca me he creído gran cosa. Que alguien me siga todavía me sorprende, me alegra, me entusiasma. Por ingenuo que os parezca.

Escribir no ayuda a comprender, pero sí hace que me sienta acompañada. Y me permite citar a Kavafis: «No digas que fue un sueño». Como mi amigo Terenci, pero solo para mis adentros.

Y ahora reaparece, como os conté en otro párrafo, el peor de los fantasmas posibles. ¿Qué haré cuando termine este libro? ¿A qué me enhebraré del brazo?

No soy fructífera más que en el día a día; podría escribir crónicas sin parar, pero un libro es otra cosa y eso sí que da miedo. Miedo da empezarlo, miedo da continuarlo, miedo da finalizarlo y más miedo aún da olvidarlo.

En el patio de mis evocaciones nunca recuerdo mis libros. Mis reportajes, sí. Algo querrá decir, ¿no?

Posdata: Cada capítulo que escribo es más corto que el anterior. El editor me va a matar.

14
UN CURA ANDA SUELTO

Hasta fechas relativamente recientes defendí la tesis (cogida por los pelos, pero muy mía) de que si el ser humano hubiera descubierto antes el arte de la cinematografía que las religiones no se habría entretenido inventando dioses, en general vengativos y malignos, y en todo caso solo útiles para egoístas propósitos. Donde estén las estrellas de cine, incluso los humildes actores anónimos del neorrealismo italiano, que se quiten hasta las deidades egipcias, tan pétreas ellas y con tanto Más Allá por delante.

De un tiempo a esta parte tiendo a creer que siempre, desde los albores de la humanidad, desde que el ser primitivo descubrió que con un fémur podía dar de hostias, un cura anduvo suelto. Prueba: el puto monolito de la película de Kubrick. El sentido de la vida y todo eso.

Detesto la búsqueda de sentido tanto como la de santidad, sobre todo cuando lo primero se lleva a término a garrotazos, o dronazos, amparándose en lo segundo.

Ello no quiere decir que no sea muy curiosa, frenéticamente, diría yo, en todo lo que se refiere al sector *souvenirs,* sobre todo de la Iglesia católica, que es la que me tocó, aunque tampoco pueda pasar por alto las frotadas de cuerpos contra la puerta santa que presencié en las afueras de Damasco, en una mezquita chiita dedicada a Saida Zenab.

Volviendo a lo nuestro, y mientras observo que estamos en pleno cisma de clarisas truferas entregadas a un cura que anda suelto, pero del Palmar de Troya Never Dies, un conocido me cuenta que un conocido le ha contado que en Fátima, Portugal, hay un chiringuito santo donde los fieles pagan una vela y tienen que ponerla en un recipiente con agujeros, pero no como se ha hecho toda la vida, incluso yo cuando quería supersticiosamente regresar a Grecia y le ponía un cirio a la Pelagia. No. En este caso, el creyente tiene que arrojar la vela desde una distancia y acertar en el agujero. Como eso no suele ocurrir, vela va y euro viene, clic, clic, clic. Me parece milagrosa la habilidad de los mercaderes para convertir el culto en un salón de apuestas.

Nunca estuve en Fátima, y bien que lo siento, porque tuve mis días de husmear en la milagrería, especialidad *souvenirs,* ya lo he dicho, en las tiendas situadas al efecto en Lourdes y el propio Vaticano. También estuve en Garabandal, pero salí por piernas cuando un cura que escribía en el diario *Alcázar* y que andaba suelto por allí me desenmascaró al grito de: «¡Es roja! ¡Es roja!».

Pasaron los años, y ya veis: en la era de los *influencers*, todas las chucherías que se venden en torno a los milagrazos se concretan en una sola persona: Tamara Falcó, nuestro sonajero piadoso favorito.

No. Ni el cine ni las plataformas han podido con ellos. Curas y más curas, monjas y más monjas, aunque cada día más bajitas, porque las y los cayetanos están en otro negociado.

Siempre he tenido ganas de perseguir a un cura. A uno de los de antes. Mejor, un obispo; el tío corriendo cuesta arriba sujetándose la falda y yo detrás, pisándole los borceguíes color púrpura y bajándole los calcetines a juego, como los que le compré en cierta ocasión a un amigo en una tienda romana de vestuario canónico. Cuando escogía el modelo (iba con mi amiga Irene, la que más sabe de la Ciudad Eterna), imaginaba a una legión de cardenales situados sobre un escenario, como las Rockettes del Radio City Music Hall, poniéndose coquetonamente los calcetines, que son largos y en cierto modo y para cierta gente. Esta última opinión, puntualizo, sin duda no la comparten los verdaderos mártires de la plaga célibe: la infancia a la que no pocos profanaron.

La blasfemia instintiva con que reacciono hacia las atrocidades cometidas por la Iglesia con los niños (y otras cometidas en general por todas las religiones, valga como ejemplo extremo la violencia de los monjes budistas de Myanmar contra la población rohingya) es anterior incluso al descubrimiento por el buen periodismo de cómo y desde cuándo y cuán continuadamente las perpetraron. Es una reacción física, un asco profundo al olor de las velas y del incienso que desde pequeña me atufaban, decididamente apoyado en el morboso aroma de las flores blancas del mayo virginal. Olía a podrido. A hipocresía. Mentía en el confesionario, como muchas y muchos otros, en legítima defensa. «No, no me toco en la ducha» (tendría que haber concretado que no me tocaba en el lavadero, ya que, cuando mis primeras experiencias religiosas, en mi casa aún no teníamos ducha; dos mentiras, pues) y «Sí, duermo con las manos por encima del cobertor».

Soy hija de todo eso y, por tanto, blasfema y escandalosamente atea. Con menos, no disfruto.

Tuvo que llegar, en mi juventud, la teología de la liberación, nacida en América Latina en los años sesenta y puesta en práctica aquí en las barriadas por los curas obreros y los cristianos de base; tuvo que producirse ese cambio para que racionalmente respetara la labor social de esas personas, pero siempre pensando que los admiraba, *a pesar* de ser curas y monjas. He conocido a laicos que también hacían el bien. Pero algo muy bueno debían de hacer los teólogos de la liberación entre los pobres y despreciados de este mundo cuando el nefasto papa Juan Pablo II los borró de un plumazo en cuanto subió al trono, dejando el campo libre de la religión sencilla para que se aprovecharan los evangélicos, pagados por Estados Unidos para predicar la sumisión y la mansedumbre en salas que no acojonaban como los templos cristianos, con luz y algunas comodidades, y donde dejaban cantar a grito pelado a todo cristo, dicho sea con el debido respeto hacia los fieles.

Con los años he ido descubriendo que algunas de mis amistades, que lo ocultaban muy bien, eran creyentes. Creían en la Virgen, Jesús, la Santísima Trinidad y todo eso. No me cabe en la cabeza, pero me cuido mucho de criticarlas porque quiero pensar que para lo que sirve la idea de Dios por las noches es para lo mismo que yo uso Trankimazin. O no: yo solo le encuentro sentido a la vida cuando leo las instrucciones de uso.

Pero la imagen de un cura o un obispo o un arzobispo (o un papa: ambición no me falta) corriendo cuesta arriba con las faldas en alto y las medias en bajo me ha vuelto violentamente al enterarme de lo de las truferas cismáticas más a la derecha que la propia Iglesia.

Tengo que confesaros, ya que en ello estamos, que experimento una gran satisfacción cuando personas americanas que me ayudan en diferentes predios me saludan con un «¡Gloria a Dios!» o me desean «¡Que el Diosito lindo la acompañe!». Incluso disfruto cuando el taxista tiene conectada una emisora de citas para personas evangélicas que quieren encontrar pareja.

Ahí va la venganza final de Moctezuma.

13
CÓMO SER VIEJA NO NORMATIVA
(Y NO MORIR EN EL INTENTO)

Va por ti, Carmen Rico-Godoy, que los días se te quedaron demasiado cortos para llegar hasta aquí y compartir conmigo las risas de hoy.

Te recuerdo con melancolía porque siempre me sabían a poco nuestros encuentros. Eras lo opuesto a mí. Una señora de verdad. Una dama. Escritora punzante y compañera extraordinaria, hija de una maestra del periodismo, Josefina Carabias. Lo repito siempre porque no quiero que ninguna de vosotras dos caiga en el olvido, aunque poco puedo hacer porque lo más probable es que caiga antes yo.

Algo veías en mí, la descarada, la escandalosa, deseo pensar que te gustaba, porque me sonreías, y fuimos haciéndonos amigas, después de haber compartido redacción en *Cambio16,* donde reinabas como una diosa. Entre los tíos de la redacción (no todos, seré justa) tenías fama de mala. Y no era tu maldad, sino su mediocridad. Poseías el don de enarcar una ceja y eso bastaba para que el otro (y alguna otra) comprendiera que acababas de hacerle una prueba instantánea de inteligencia.

Mientras limpio mis gafas introduciéndolas en el gran vaso de agua que tengo al lado, las seco con el borde de la camiseta, me las vuelvo a poner y sigo escribiendo, te cuento que disponemos de un montón de palabras nuevas y más adecuadas a las exigencias de los tiempos. Te encantaría jugar con ellas.

Un par de sorbos de agua. Lo que no te mata te engorda y todo lo bueno o engorda o es pecado. Solían decirnos.

Ahora nos dicen, con razón, que nos defendamos del encasillamiento normativo. Por ejemplo, yo ya no tengo el sobrepeso contra el que tuve que luchar siempre (tú eras por naturaleza una sílfide), sino que soy no normativa. Es decir, tengo una identidad positiva. Lo más entretenido del asunto es que llega tarde y resulta superficial.

Lo no normativo que hay en mí es que sigo poseyendo (y utilizando) un cerebro para la crítica y un cuerpo para mis placeres (homenaje a Melanie Griffith en *Working Girl*).

Y eso, a mi edad, fulmina unas cuantas normas.

Te voy a contar, Carmen, y me invade una dulce pena porque no puedo hacerlo personalmente, que lo primero que comprendí que podía hacer al ser mayor, sin miedo a represalias (o recibiendo las represalias sin miedo) fue sacudirme a los (y las) hipócritas y a las (y los) plañideras. Una vejez esplendorosa como la mía, aunque me dure el tiempo que me tomará acabar este capítulo, y no más, no necesita de emociones falsas, ni propias ni ajenas. Me sorprende siempre cuánta gente se expresa utilizando un lenguaje que me resulta extraño, más bien propio de culebrones televisivos o de *realities* adocenados: «No invadas mi espacio privado» y cosas así. Hay que pedir permiso para abrazarse. Aunque lo que más me molesta, y eso es la época más antigua, es el gerundio que se usa cuando, retórica y amablemente, le preguntas a alguien cómo le va y te responde: «Tirando». Joder, estás viva. Mírame y aprende, sécate ese llanto (homenaje a la copla). No vayas tirando tanto.

Pregúntale cómo le va a una niña de Gaza cargada con un bidón de plástico y en busca de agua. No te contestará que «tirando». Es más fácil que se cague en nuestros muertos. Digresión inesperada y algo demagógica que he estado a punto de borrar, pero al final no, ya ves, Carmen Rico-Godoy. Ser mujer y no morir en el intento, frase que tú inmortalizaste, es una constante en todos los puntos del planeta, pero en algunos más que otros.

Recuerdo cuando nos juntábamos, en Mallorca o en la sierra madrileña, con dos hombres con oficios de cine que entonces nos interesaban, y cómo conversábamos, jugábamos a las cartas y bebíamos whisky. El mío ya pasó a mejor vida y el tuyo continúa en esta mientras escribo. Te encantaría ver el tupé color peseta (la acertada definición es de una tuitera que me sigue) que se ha plantificado en todo lo alto. Ahora los hombres se arreglan mucho más de lo que lo hacían cuando tú te fuiste. Florecen los gurús de estética para que también ellos sean tan normativos como aparentemente estamos denunciando que no podemos ser nosotras. Se matan a hacer gimnasia y se tatúan mucho. Todos los sexos.

En realidad, hemos cambiado poco. Yendo al gimnasio (voy para no caerme; sin más pretensiones), vi a una criatura muy joven, no tendría ni veinte, llevando a otra criatura en un cochecito de bebé, por lo cual deduje que eran madre e hija. La madre lucía un top muy mono, tenía un cuerpo muy bonito y le salían los *piercings* por todas partes entre un bosque de tatuajes. Qué mirada tan triste, fijada en el teléfono portátil, mientras con la otra mano empujaba a la cría.

En realidad, ya digo, cambiamos poco. Quizá sacan más perros a pasear. Recuerdo al tuyo, aquella preciosidad blanca que podías meter en el bolso. Estabas empeñada en que yo tuviera uno igual. Yo ahora solo aspiro a que los de la ONCE me presten un golden retriever para que, en mis últimas horas, se tienda en la cama dándole calor a este ser no normativo.

En mis momentos locos pienso en pedírselo a Pedro Sánchez, que tampoco lo has conocido y por el mundo lo llaman Mr. Handsome, no te digo más. Que venga él a acompañarme en mi traspaso y me dé un abrazo electoral final y nos hagamos un selfi. Lo de los selfis no lo has conseguido. Viene a ser lo mismo que con cámara, pero a lo bestia. Hay mucha gente en muchas partes con muchos teléfonos portátiles, como aquellos panzudos que llevábamos antes de irte y que había que sacar una antena, pero en modelo ligero y absolutamente necesario porque llevamos todas nuestras cosas dentro y, además, tenemos que dar de comer al espionaje, que vive de nosotros sin que tengamos que hacer otra cosa que comprar y hablar en voz alta por la calle.

Una de las cosas que más me irrita de que me crean una vieja normativa ocurre cuando alguien me manda un mensaje (se llama Whatsapp) y yo voy con mi bastón (sí, querida, sí), a pleno sol, y tengo que detenerme para cambiar de gafas y apoyarme en la pared. Y entonces:

«Ay, Maruja, ¿qué te pasa?», pregunta insólitamente una repentina fan que transita casualmente a mi lado.

«La vida. Coño.»

Te imagino contestando lo mismo porque ese tipo de malas pulgas sí lo compartíamos. Lo otro, el tipín, ya he dicho que no, pero me gustaba mucho contemplar tu elegancia impoluta y preguntarme cómo era posible que nunca te mancharas cuando ibas de blanco. Nunca, nunca, nunca.

No sabes la cantidad de canallas que han salido de las alcantarillas en todos estos años. Y más, y más y más. Están muy repes, tú los reconocerías, porque las dos venimos de ver a falangistas tronados y *sacristieros* casposos, pero es eso y más, y en todo este mundo que dejaste, para tu suerte, antes de que los saudíes wahabistas atentaran contra las Torres Gemelas (sí) y el Bush más tonto de los hijos del Bush de la primera invasión de Irak montara otra, y luego a por Siria, y luego fanáticos por todas partes. ¿Te acuerdas del capullo de Trump, que por entonces estaba casado con Ivana? Bueno, pues Ivana está muerta, millonaria perdida, y él se ha convertido en el rostro de la nueva política, con todo suelto y salido de madre y con gentuza asesora que paga para socavar la democracia allá donde se encuentra. Incluida la nuestra.

La parte buena, que también te has perdido, por fortuna, es que la catástrofe climática va a toda leche e igual el planeta acaba con nosotros más pronto que tarde. Y ahora Mallorca está atestada, como el resto del mundo, y si jugáramos a las cartas pasaría mucha gente entre nosotras haciendo fotos.

Te echo mucho en falta porque sé que tú también habrías sido no normativa y posiblemente usarías bastón, aunque más elegante, con empuñadura de plata.

Siguen Eurovisión y la tuna. Sí, hija.

Por desgracia, no quedan *boyscouts* que nos ayuden a cruzar la calle.

Con lo que nos satisfaría perseguirlos por la calzada a bastonazos.

Siempre tuya.

12
CUANDO NOS CIERREN TWITTER #TENEMOSQUEQUEDAR

 Maruja Torres
@MistralS

Si Jack Doorsey no hubiera inventado Twitter en 2006, alumbrando este fenómeno de gente entrecruzándose, se me habría ocurrido a mí otro día

Maruja Torres
@MistralS

No he terminado el tuit, perdón, párrafo anterior con punto y aparte, como corresponde, precisamente porque necesito 140 caracteres; no más.

Maruja Torres
@MistralS

Me equivoqué bastante al iniciarme en Twitter, X, o lo que sea, pero es así como nos adaptamos a su lenguaje para poder decir mucho en poco.

Maruja Torres
@MistralS

Siempre fui de escribir corto y conciso, pero lo que más me gustan son las greguerías y T/X es un don Ramón Gómez de la Serna con *aforitmos*.

Maruja Torres
@MistralS

Me gusta escribir como si tuiteara. Aquí uso *itálicas*, que tanto echo a faltar en T. No así **negritas**, que aburrí desde que PUmbral las abusó.

💬　　　🔁　　　♡　　　⬆️

Maruja Torres @MistralS
Las palabras destacadas en **negritas** me ponen muy nerviosa, a pesar de que me lo hacían a mí cuando me editaban las crónicas de verano...

💬　　　🔁　　　♡　　　⬆️

Maruja Torres @MistralS
... en El País. Las odio porque son el equivalente, en una crónica, del pomposo name-dropping con que los pedantes jalonan sus discursos.

💬　　　🔁　　　♡　　　⬆️

Maruja Torres @MistralS
En cuanto me habitué al lenguaje comprendí que había nacido para el pajarito mucho más que para el book del de la face de cemento armado.

💬　　　🔁　　　♡　　　⬆️

Maruja Torres @MistralS

Facebook, con mis respetos para algunxs de sus usuarixs, admite mucho texto narcisista. Y esta no larga largo si no se me paga. Lo siento

💬   🔁   ♡   ↥

Maruja Torres @MistralS

¿Os percatáis? Necesito con urgencia
280 caracteres, hilos, fotos, memes, emojis, #, todo.
Lo que ha ido surgiendo a lo largo del tiempo.

💬   🔁   ♡   ↥

Maruja Torres @MistralS

Me uní a la comunidad tuitera en abril de 2012, pero no me puse en modo activo hasta el año siguiente. Hoy tengo muchos seguidores, entre

💬   🔁   ♡   ↥

Maruja Torres @MistralS

fans y haters. Los primeros me acompañan en mis comentarios, debatimos, nos animamos
o desesperamos. Alegra tenerlos. Los segundos, ATPC.

💬   🔁   ♡   ↥

Maruja Torres @MistralS

La pregunta que me hago es qué ocurrirá cuando Eloncio decida cargárselo del todo, a base de ponerle precio, anuncios y de convertirlo en

Maruja Torres @MistralS

un estercolero ideológico. Podría soportar todo eso si pudiera mantener la comunicación con los míos. Pero ¿qué hacemos si nos lo cierra?

Maruja Torres @MistralS

Lo peor vendrá si gana Donald Trump. Si ello ocurre tenemos que idear un sistema para quedar y vernos en persona. En un grande, buen bar.

Maruja Torres
@MistralS

#TenemosQueQuedar

#TenemosQueQuedar

#TenemosQueQuedar

😎🥳🙉🙈🙊😎

Maruja Torres
@MistralS

Qué descanso, gente. Por fin, a los 280 caracteres.

El talento que descubro no se ha diluido con la ampliación, sino que ha aumentado. Además, si no llegas no es obligatorio. Es como echar un polvo rápido de pie, pero con tiempo para ponerte un cojín entre la pared y las lumbares.

♡   ⇄   ♡   ⬆

Maruja Torres @MistralS

Y también tenemos el ⌛, emoji que me recuerda a la modista que fue mi madre y que una noche, con motivo de la fiesta de Santa Lucía, su patrona, me llevó al teatro Principal a ver a Totó, que, si no sabéis quién es, googleadlo o poneos *I soliti ignoti*. Ya de mayor me pareció muy... Va ✐

♡   ⇄   ♡   ⬆

Maruja Torres @MistralS

⌛ misterioso que una humilde modista del Barrio Chino pudiera permitirse una butaca en platea para ver a un rutilante cómico italiano, con su hija en sus rodillas, y gracias a Google he sabido que Totó, grandioso, había representado una función gratis para modistillas, en su Día. ✐

♡   ⇄   ♡   ⬆

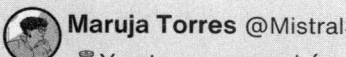

Maruja Torres @MistralS

🏺Y entonces me eché a llorar, ya añosa, porque tal vez le habría endulzado la vida, en nuestra conflictiva relación, saber cuánto le agradecía que me inculcara el amor por el cine italiano, y el amor al cine en general, que a ella le servía para evadirse, y a quién no. *Fine. End.*

🗨   ⇄   ♡   ⬆

Maruja Torres
@MistralS

He escrito párrafos, capítulos, he intentado escribir párrafos, y libros, sobre mi madre y yo. Que sirva el hilo anterior como demostración de lo útil que me resulta Twitter (odio esa X patibularia, oscura) para condensarme
y escoger las palabras y expresarme en corto. *Mamma mia.*

🗨   ⇄   ♡   ⬆

Maruja Torres @MistralS

Si vemos en Twitter una manifestación más de la vida, con sus sobresaltos, sus ausencias, sus insultos, sus alientos, con nuestro miedo a que un día desaparezca y nos quedemos colgando de la brocha, quizá aprenderemos lo más fundamental, en mi opinión: disfrutemos de (sigue ♟)

♡　　　⟲　　　♡　　　⬆

Maruja Torres @MistralS

ello mientras lo usamos, porque esto es lo que hay. Tiene incluso, como la vida, despedidas bruscas (me voy, no puedo más, no te soporto), seguidas de arrepentimientos melifluos (al fin y al cabo, se me ha ocurrido), y tiene también gente que murió y cuyo TL sigue fluyendo ♟ ✂

♡　　　⟲　　　♡　　　⬆

Maruja Torres @MistralS

alimentado por sus seres queridos. Con T. me ocurre como con WhatsApp. Cuando alguien amado se muere no lo borro. Y si me entero de que la familia va a cerrar la cuenta, pongo a salvo sus mejores mensajes. Los fotografío. Les hago como una especie de boca-oreja póstumo. No *End*.

♡　　　⟲　　　♡　　　⬆

11
CONTRA PEREZA, DILIGENCIA

Alguien quedará por ahí que recuerde los siete pecados capitales, cuya virtud contraria nos obligaban a aprender para practicarla con esmero. Contra lujuria, castidad, decían, y esa era la pareja de baile que mayor curiosidad despertaba en nuestros cerebros a medio deformar. Visto lo sabido con el tiempo, contra lujuria cebándose en los pequeños, una vida sexual sana; eso les habría recomendado yo a los curas que nos fustigaban.

No divaguemos. He venido a hablar de mi *diligencia* porque no desearía haberos inducido a pecar al entregarme con holganza a la pereza en otro lugar de este libro o mantita tejida a ráfagas con hilos de distinta textura y colores.

«Cuidado y actividad en ejecutar algo», reza la primera acepción de la RAE. La segunda: «Prontitud, agilidad, prisa». Hay otras más. Prefiero la cuarta: «Coche grande, dividido en dos o tres departamentos, arrastrado por caballerías y destinado al transporte de viajeros».

Amor y *dilección* también figuran en el *Diccionario* de la Real Academia (por fin entiendo lo de «mi dilecto amigo»), pero no tiene comparación con mi pre/dilecta.

Porque es *La diligencia* de John Ford. Qué le vamos a hacer.

Esa diligencia cinematográfica que es una metáfora de la existencia, con el par de pijos aristocráticos sureños venidos a menos y creyéndose más, con el adorable médico borrachín, con la conmovedora prostituta de *saloon* que merece una vida mejor, con John Wayne (quién si no) dispuesto a proporcionársela en su humilde rancho en cuanto resuelva una venganza; con el conductor un poco tonto pero más bueno que el pan y con un *sheriff* comprensivo. Con su racismo propio de la época (indios salvajes atacan a inocentes colonos que les han robado sus tierras), con su toque malinche (comanches denunciando a apaches), con sus esplendorosos cielos preñados de nubes a lo Gabriel Figueroa, pero filmados por Bert Glennon, y su línea de horizonte baja, como le gustaban a Ford para poner la tierra al nivel de las personas. Y lo mejor, algo que solo he captado en esta última revisión: los sucesivos troncos de equinos que tiran diligentemente de la diligencia son yeguas. Todas. El conductor las conoce personalmente y les dedica cariñosos nombres de chica.

Qué gusto me dio comprobar que quienes más trabajan y tiran adelante el carruaje con su carga humana son hembras. Como la vida misma. En 1939, cuando se estrenó, y ahora. Siempre.

Las chicas del 43 y aledaños, que vinimos sin sábanas de hilo a un mundo que olía a pólvora y a cirios de sacristía, creíamos que pencar, deslomarnos, trabajar, era nuestra única salida. De ahí que el gen de la diligencia se nos clavara en el pecho, a ratos escondido, pero siempre presto a resucitar para recordarnos unas cuantas cosas que me parecen de lo más dilecto y conveniente.

Si haces una promesa, cúmplela.

Si tienes que entregar un trabajo tal día a tal hora, entrégalo.

Si has caído en *love* brutalmente y tira más una genitalia que dos diligencias, haz el favor de seguir cumpliendo tu horario laboral.

Si estás en fase de vicios, adicciones y otros descarríos, te recomiendo lo mismo. Un horario fijo, una obligación, un compromiso laboral te ayudará. Será como esos palos de los embarcaderos venecianos, que impiden a las gondolillas alejarse del muelle cuando pintan oleajes.

Ya sé que el mercado laboral ha cambiado mucho, se ha hecho volátil, inasible, inimpugnable. Nadie nos prometió que iba a ser fácil y, si lo hizo, mintió. Porque nadie puede asegurar, y si lo hace no le debemos creer (sobre todo, si sois la generación de españoles y españolas mejor preparada, etcétera), que las cosas no se pondrán cabeza abajo y patas arriba en cualquier momento, nadie puede deslumbrarnos con publicidad engañosa si hemos sido lo bastante cautos para desconfiar de todo lo que no sea trabajar e intentar unirse para mejorar el bien común.

El periodismo que he intentado practicar como reportera en lugares conflictivos me ha dado muchas lecciones acerca de la capacidad de supervivencia de que somos capaces cuando la historia, de verdad, nos muerde.

Por otra parte, podríamos decir que vine a este mundo con todas las ventajas necesarias desparramadas a mi alrededor para arremangarme y dejarme de puñetas. Hace poco los más picajosos del lugar se quejaron de que alguien pronunciara la frase: «Antes prefiero ponerme a fregar suelos». «Eso es despreciar a las personas que friegan suelos», clamó el nuevo puritanismo. Pero no se enteran: es una frase basada en el orgullo. Antes que transigir o tragar sapos o poner el culo, prefiero fregar suelos. Lo cual es mucho más honroso, por supuesto. En el ambiente en el que yo crecí fregar suelos era muy duro, pero mucho más digno que chupársela al jefe, literal o figuradamente.

No es el trabajo, bueno, malo o peor, lo que nos dignifica. Lo hace la dignidad con que llevamos a cabo nuestro trabajo. Claro que la cosa se complica si trabajamos desde la soledad de una pantalla, de una bicicleta de reparto o de un teléfono inteligente que intercambia pedidos y órdenes.

Por suerte, mi mundo laboral fue analógico. En él aprendí a defenderme y luchar. Y había gente. Sin embargo, las redes, ahora, facilitan los contactos, las convocatorias, las manifestaciones. Mismas metas, otros medios.

Que el trabajo era mi tercera pata de salvación (amistad y cultura eran las otras) es algo que tengo claro desde que clasificaba albaranes en las oficinas de unos grandes almacenes. Claro desde que vendía relojes en un entresuelo en el Portal del Ángel. Claro desde que llevaba las cuentas, barría, quitaba el polvo y esquivaba el acoso del jefe en una tienda de cortadoras de jamón, delante de la entonces cárcel Modelo. Sobre todo aquí, me di cuenta de la fina línea que separaba a esta hija del Barrio Chino del grupo de ciudadanas que esperaban la hora de visitar a sus hombres presos. Esa línea era la suerte de buscar empecinadamente trabajo, cualquier trabajo, el que fuera. No tuve necesidad de fregar suelos, como sí tuvo mi madre durante una temporada en que, falta de trabajo como modista, fue camarera de hotel. Y en ningún momento nadie se avergonzó, cualquiera que fuera la tarea que tocara en aquel momento.

* * *

Ahora mismo, este libro, la columna en *Hoy por Hoy* y la generosidad de colegas que me piden cosas me impide convertirme en una mujer mayor más que perezosa, aletargada. El letargo es peor que la sordera, porque te aísla, pero no hay pinganillo en la oreja o microchip que pueda solucionarlo. El letargo conduce al desinterés, a la parálisis, a la depresión.

La actividad (con sus interesantes intervalos perezosos) estimula el sentido de humor, que a su vez estimula el optimismo de la voluntad, que a su vez estimula el ansia de disfrute de la vida.

Con mi amiga de antiguo, coetánea y admirada fotógrafa Pilar Aymerich suelo mantener intercambios frecuentes por WhatsApp, amén de al menos una charla, que dura horas, a la semana. Lo que más me gusta de ella, aparte de su sagacidad de gata mirona (siempre lo digo) es que ha sido testigo de una parte de mi vida, de nuestras vidas, que recuerda muy bien; y también adoro su sentido del humor, su deseo de pasarlo bien (tiene una vida social envidiable) y sus ganas de despatarrarse por la noche en el sofá con sus dos gatos encima y una buena película o una serie delante. Tiene, siempre ha tenido, una vena punki tirando a gótica en divertido, y una forma elegantemente demodé, clásica y afrancesada de organizar su indumentaria. A sus ochenta, cuando sale en televisión centellea.

Dicho lo cual:

—Hola, Pili, ¿qué haces?

—¡Ay, Marujita! Harta de preparar facturas. Creo que me voy a poner a Aznavour. Aunque acabe llorando.

—Pues, si yo me pongo a Brel, lloraremos las dos.

—Brel es mucho Brel, pero Aznavour... Ponte *Qui?* para llorar a gusto.

—Voy.

—Si no hubiera sido fotógrafa, habría sido *disc jockey*.

Ahora lo es para sí misma. Mientras organiza su impresionante archivo o prepara una exposición se pone ciega de buena música. Sin prejuicios.

Me anima imaginarla trajinando y dejándose ir en Barcelona mientras yo imagino y trajino en Madrid. Esa Barcelona tan distinta a la que compartimos cuando estábamos en nuestros *salad days* y este Madrid que tampoco se parece al de Tierno Galván en el que aterricé hace tantas décadas.

Vivaces y activas, eso sí. Y entregadas diligentemente a la molicie de la que se goza, no al letargo que nos arrastra.

10
UNA SUCESIÓN DE CUENTOS CORTOS

En la peluquería, en uno de esos sillones con masaje que parecen de la sección *business* de Fly Emirates. Ronroneo mientras Vladimir me lava el pelo y me da un masaje de cráneo realmente imperial. Con una mano sostengo el Kindle en el que voy leyendo y con la otra sigo el compás del hilo musical. Vladimir es una preciosa criatura rubia que se largó muy joven de su tierra natal para ver mundo y ser libre y a quien le di un susto de muerte, en otra ocasión, precisamente por el libro electrónico.

Como no puedo usar gafas mientras me moja la cabeza, amplío desmesuradamente el tamaño de las letras para poder seguir leyendo.

Y he aquí lo que Vladimir, desde el otro lado de la pila y manejando la manguera, leyó: «Pegué la mejilla derecha contra el muslo de Stalin y con gran esfuerzo rodeé con mis brazos la parte posterior de sus rodillas».

Fue él quien pegó tal respingo que noté el agua resbalando por mi oreja, cuello abajo. «¿Stalin?», bramó. Le aclaré que era un libro de la escritora albanesa Lea Ypi (*Libre*), en el que narraba su experiencia bajo el estalinismo. «Es una niña, en medio de una manifestación por la democracia, que se asusta y se refugia tras la pierna de una gigantesca estatua de Stalin, a quien siempre le hicieron ver como un protector». Vladi respondió con un breve «ah» y se echó a reír, tranquilizado.

Recordándolo, y mecida por la música y el placer del masaje, empecé a mover el Kindle como si fuera un sonajero y pensé que, hundida en mi asiento (me he encogido tanto, entre la edad, las rótulas y las vértebras: diez centímetros en diez años; me ponen dos cojines), era como un bebé feliz en su cochecito. Cuando me levanté y vi a las adultas que, a mi lado, también se encontraban en éxtasis, no pude evitar comentarle a Vladi: «Esto parece una sala de incubadoras».

Si en lugar de agitar mi libro electrónico hubiera seguido leyendo, usando fuente 20, tipo camión, mi peluquero ruso habría leído: «Empleando el lenguaje, hemos inventado un yo ficticio que proyectamos hacia el pasado y hacia el futuro, e, incluso, más allá de la tumba. El yo que imaginamos sobreviviendo a la muerte es un fantasma incluso en vida» (*Perros de paja,* John N. Gray: puedes estar en desacuerdo con él en bastantes cosas, pero te hace reflexionar).

Y eso me habría costado muchísimo explicárselo a Vladimir porque me resulta difícil incluso a mí aceptar que la vida no es un relato bien fundamentado, ni siquiera un relato balbuciente; ni siquiera es *solo* «una historia contada por un idiota, una historia llena de estruendo y furia, que nada significa» (*Macbeth,* Shakespeare), siendo todo ello cierto y verdad.

Este libro que escribo. Ráfagas que me ayudan a aceptar el momento en que lo hago. Tecleo para impedir que se me escape el deseo de plantarme ante el universo, con las manos en los bolsillos, y gritar: «Pero ¿qué coño es esto? ¿Ya pasó todo? ¿Por qué mis episodios, mis capítulos, mis cuentos cortos no forman un tomo completo, con solapas que expliquen, con un cierto argumento, aunque sea incierto, lo que ocurrió o creo que ocurrió?».

No, no hay solución.

Historias inacabadas, otras que remataste rematadamente mal, remando al viento, una ráfaga tras otra.

No hay más que cambio. Entre que esta mañana me puse a la labor, luego pasé a leer las noticias y a tuitear, y luego volví. Entre antes y ahora. Entre hoy y mañana. Entre la que escribe el libro y la que, con suerte, lo presentará en público.

El Cambio. Que tiene que ver con el Tiempo, del que ya hemos hablado. No el tiempo ordenado del iluso calendario que, como la narrativa de nuestra travesía, es francamente caótico, sino ese otro Tiempo superior a nosotros, redondo, que lo contiene todo y no nos deja nada, que se devora la cola (nosotros) sin dejar de crecer porque se alimenta de todo cuanto hacemos para desafiarlo.

El gran Cambio de Era es otro. Aquel hacia el que ahora nos dirigimos, que ya estamos viviendo en todos los aspectos y que parece no importarnos. Mejor dicho: importa a quienes carecemos de poder y quienes poseen el poder se lo pasan por el forro o andan con paños calientes o tienen que someterse al esfuerzo titánico de convencer a otros, de transigir.

Nunca hubo tanto que defender, tan extensamente, y nunca vimos a tantos ineptos, imbéciles, mentecatos o simplemente cortoplacistas bienintencionados al mando. Eso, en el lado bueno, por así decirlo. En el lado malo tenemos a auténticos malvados, corruptos, estafadores, vividores. Por no hablar de exterminadores y extractores de cuerpos.

Acabo de recibir el libro cuya escritura ayudó a morir a mi compañero Ramón Lobo. No he tenido valor más que para empezarlo a leer por el final, como si, retrocediendo, fuera devolviéndole el aliento, pero sé que no es verdad porque lo inició cuando ya sabía que lo suyo era irremediable. El último capítulo es de una belleza, de una sencillez conmovedora. Iré a la presentación de *Pensión Lobo, habitación número 13* en su librería preferida, la Méndez, con ese remordimiento, el de haber empezado por el fin, no para averiguar cómo acabó (él antes que yo, una injusticia que se repite bastante, aquí no hay *spoiler*), sino para intentar averiguar de verdad, de corazón, qué consuelo encontró. O el consuelo que podemos encontrar, cada uno a su manera, consumidas sus horas.

Os diré una cosa. La perfección de esas páginas tiene sentido. No importa que la vida y la muerte sean un carajal. Eso que escribiste al final tiene el orden de lo inalcanzable, Ramón. Y aunque sé que todo cambió después del punto final, tu cuerpo, tus sensaciones, todo cambió, eso que escribiste queda como una de las despedidas más hermosas, más cultas, más agradecidas que he podido leer. Intentaré seguir retrocediendo cuando necesite llorar porque mis ojos lagrimean poco y no tengo las gotas a mano. Sé que este chiste malo te habría encantado.

En mi caótica suma de capítulos, Lobito bueno ocupa mi primer y entusiástico apartamento en Beirut, aquel de Hambra situado en un séptimo piso. Te asomabas y todo respondía a cuanto esperabas. Los ajados toldos de anchas rayas blancas y amarillas, que protegían del sol y de los aguaceros. Las tiendas de barrio con fotos del líder suní amo de la zona, no fuera a ser que se produjera una ofensa y tuviéramos un disgusto. Las calles desiguales, los tíos en cada esquina rascándose sin disimulo los cojones, o escupiendo a gusto, o dándole al rosarillo con la mano sobrante. Fue una época preciosa en la que Ramón estuvo presente, y tengo muchas fotos suyas haciendo tortillas españolas para nuestros amigos, con y sin cebolla; acompañándolo en manifestaciones políticas por decir poco pintorescas, y pelados de frío tomando arak en la montaña, en uno de esos restaurantes del falangismo maronita donde creen que la sopa caliente es cosa de pobres. Me hizo fotos, le hice fotos. Tuve la inmensa fortuna (así te lo digo, Ramón) de no pertenecer a su familia elegida, sino a esa parentela lejana que establece el periodismo ocasional, desde que por primera vez lo conocí (mejor que en la redacción), cuando vino a sustituirme en Puerto Príncipe en aquella fase de la tragedia haitiana que hoy me asoma tan de lejos: 1994.

Así que, de Ramón, como de muchos otros, de muchas otras, me he perdido la agonía, el deterioro y el funeral. Odio ir a funerales. Sobre todo a aquellos en los que el muerto ha decidido dejar la tapa abierta. Mi media hermana lo hizo así, y lo pasé muy mal creyendo que íbamos a incinerarla como china, de lo amarillo que les había salido el maquillaje.

Ni a mi propio funeral quiero asistir. Lo cual no significa que no quiera morirme (no quiero, pero qué le voy a hacer), sino que es mi deseo que me saquen por la puerta de atrás, me incineren y me pongan donde decidan mis amigos. Si es necesario, al WC y tirando de la cadena. Pero ni ceremonia ni hostias. Ni invitados VIP ni hostias. Quienes necesiten consuelo, que agradezco mucho desde ya, que se corran una juerga a mi salud y a mi falta de ella.

Pasa la vida. Desordenadamente. Como pasan los capítulos y las ráfagas.

9
VERSIÓN REDUX (EL CORTE DE LA QUE VA SUELTA)

La que va suelta soy yo, naturalmente. Como siempre he ido. Iba a titular «el corte de la directora», pero me ha sobrevenido un ataque de risa porque aquí no dirige ni Dios. Hacemos lo que podemos, ¿no es cierto? De todas las versiones Redux («traído de vuelta, restaurado») de grandes peliculones rehechas por grandes directores, la única que me gusta es *Apocalypse Now*, porque incorpora la indispensable cena en los restos de la plantación de colonos franceses, y eso es enriquecer la narrativa del drama de Indochina en manos extranjeras con un nivel de sensibilidad artística incuestionable.

Si pudiera traerme a mí misma de vuelta, ¿de verdad añadiría aquellos cuentos o ráfagas que debería restaurar? ¿Por qué la respuesta es siempre negativa?

Os lo diré. Nacemos y morimos y, entre tanto, compramos cosas, que es la versión del cínico Don Draper

(*Mad Men*) cuando proclama: «Lo que llamas *amor* fue inventado por un cínico como yo para vender medias».

Digamos que compré medias sin descanso (afortunadamente, pronto inventaron las que no tenían costura) y que lo que haría si pudiera traerlas de nuevo a este instante sería para reducirles (como quien corta cabezas) el tiempo que les dediqué. Siempre que tenía el invento en marcha, sentía que estaba perdiéndome algo más importante que ocurría fuera de mis piernas.

Eso en cuanto a las relaciones o a los malentendidos sentimentales. ¿En el periodismo? Reduciría también los años que dediqué a vivaquear como oficinista en lugar de formarme en una universidad para así tener compañeros de curso que un día se colocaran bien y me pudieran echar una mano para no tener que continuar siendo taquimecanógrafa mientras esperaba un golpe de suerte.

No lamento ni el lugar ni la época en los que nací, pues, amén de que me parece propio de idiotas vanagloriarse o quejarse de lo que no es sino una partida de dados del destino, resulta a todo foco comprobable que recibí más lecciones en mi calle que las que habría podido obtener en la universidad, contactos aparte.

¿Habría escrito de otra manera? No. ¿Mejor? Claro que sí, pero nadie me impidió hacerlo. Cada vez que lo intentaron, me fui. Creo que, en periodismo, escribí tanto, y siempre con mi estilo, que alguna cosa buena debe de quedar por ahí. No guardo nada, ni siquiera digitalizado. En cuando a mis libros, conservo unas cuantas copias en un pequeño mueble en mi habitación.

Recuerdo que cuando entrevisté a John Le Carré con motivo de la publicación de *El sastre de Panamá,* al fotógrafo Jordi Socías y a mí nos regaló un recorrido por los diferentes pabellones que formaban su propiedad en Cornwall y por el jardín distribuido en una serie de terrazas que descendían hacia el mar. Uno de esos edificios, rectangulares, de una sola planta, muros encalados y tejas de pizarra, contenía ejemplares de todas las ediciones en todos los idiomas de su obra hasta el momento. Esto es un verdadero autor, me dije. Un testigo de su época, que la ha ido novelando a lo largo de los años, y que merece quedarse para siempre.

Pensé mucho en Le Carré, persona adorable, cuando murió, hace cuatro años, preguntándome cómo debieron de ser sus últimos días. Su merecido Redux se lo proporcionó su hijo Nick, cuando eligió y editó cuidadamente todo tipo de cartas escritas por su padre. Nick Cornwall, que murió antes de que el libro viera la luz, verdaderamente trajo de vuelta y restauró a un Le Carré mucho más desconocido e inédito (e interesante y complejo y contradictorio) que sus fanáticos lectores merecíamos conocer.

Y unas palabras bellísimas del propio autor de *El espía que volvió del frío,* escritas durante el confinamiento: «Y ahora el pasado reciente es ya tierra extranjera y el futuro no ha nacido, y nosotros flotamos entre uno y otro. Estamos bien, verdaderamente bien. Ancianos pasando una luna de miel al borde de un acantilado».

La visión deslumbrante de Cornualles en mi recuerdo me devolvió a Jane, que murió poco después que él, y a John Cornwall, tomados del brazo, paseando con cuidado por una de las terrazas, surcados ya todos los vendavales de sus vidas.

¿Alargaría el amor que le tuve a mi madre, bruscamente detenido cuando, a los catorce años, comprendí la clase de vida que deseaba para mí, una vida de sumisión a pesar de que hizo lo que pudo para que, en lo material, fuese mejor que la suya? Sin duda. Habría puesto distancia, sin embargo. Huir de lo que no me gusta, de quien me perturba para mal, de quien enreda y oscurece, es algo que se me da muy bien, mejor incluso que dejar a alguien con la palabra en la boca con una respuesta demasiado seca y contundente.

Volvería a escribir *Mientras vivimos*. Aunque ganó el Planeta y creo que tiene bonitas páginas, hoy esta Torres Redux se centraría más en la relación de Regina con Teresa, sin duda porque la Teresa que fui yo se comprende mejor a sí misma ahora que tiene la edad de aquella Regina.

No tocaría ni una línea de *Esperadme en el cielo,* mi mejor ficción, que me dio el Nadal y la oportunidad de convertir en un cuento para adultos el goteo de sangre fundacional que me dejó a media ala cuando murieron Terenci y Manolo, en el aciago año de 2003.

En cuanto a los libros de memorias periodísticas, *Mujer en guerra* y *Diez veces siete,* por supuesto que son mejorables, siempre desde la perspectiva de la mujer que soy ahora y de lo que ha ocurrido, tanto en mi profesión como en la vida, desde que los escribí. Sin embargo, creo que deben quedarse como están, testimonio sobre una era que definitivamente ya no existe. Aunque buenos periodistas, sí. Entre tanta morralla empresarial y laboral.

Pero lo que escribiste como comedia hace treinta años (una vivencia, una ráfaga), habiéndolo vivido no como trágico, sino como poco edificante o humillante episodio, lo relees ahora y te das cuenta de que, con la perspectiva, resulta todavía más hilarante que como lo narraste en un libro.

Así que, resumiendo, lo que no me gustó no tengo la menor intención de rescatarlo, y lo que sí, pues estuvo bien y ya vale.

No me arrepiento de nada, primero porque de nada sirve, y segundo porque puede que yo sea, al fin y al cabo, también una egohedonista que no desea ir por los agujeros buscando gusanos.

Sí, preferiría haber querido más a mi madre. Haber podido seguir queriéndola sin dejar por ello de cortar las cadenas que me unían a su ser sumiso. De tenerla ahora aquí, le diría: «¿Lo ves, mamá? Los malos maridos y malos hombres nos siguen haciendo putadas, pero hoy estamos aquí las mujeres para defenderte, no hace falta que te agarres a las faldas de las venenosas de tu familia, no necesitas arrastrarme contigo. Tenemos otro tipo de hermanas».

Eso le diría. Ignoro si es un Redux o un deseo que me acompañará hasta el final.

8
LAS MEJORES AMISTADES

A estas alturas del libro, quienes hayáis tenido la paciencia de seguir hasta aquí habréis comprendido que mi cinefilia lo recorre de arriba abajo. Si sois como yo, no importa la edad, habréis entendido mejor los guiños, las citas, mi identificación con intérpretes y caracteres. Y los más jóvenes quizá tengáis la suerte de experimentar una cierta disposición a saliros de la fotografía plana y el cine sin olor de las plataformas y de la clonación de las peores series; quienes estéis hartos de topicazos y de que os simplifiquen las tramas haréis muy bien en meter la patita en el cine de mejores tiempos, aunque sea en blanco y negro y aunque sea mudo, y en las series de las épocas doradas, para mejor comprender la complejidad del mundo y tener, sea en pantalla grande, sea en la del móvil, la más grata de las compañías. A mí me toca mucho la fibra volver a ver a Sarah Lancashire en *Happy Valley*. Y a Zoe Kazan en *The Kindness of Strangers,* y otra película de la misma directora, Lone Scherfig, llamada *An Education*, que me dejó enamorada perdida de Carey Mulligan. Estas son películas de la primera veintena del siglo XXI y me gustaría que, si alguien joven lee estas líneas y se deja convencer, las tuviera como consuelo y compañía cuando, muchos años después, las revise junto a sus propios clásicos.

Quiero a mi gente del cine como quiero a mi gente de la vida. Eso es algo que he comprendido mientras escribía, y me siento afortunada por ello. Porque mis amistades y yo moriremos, pero mi familia cinematográfica no morirá nunca. Es más, los que ya se fueron se sientan conmigo en el sofá cuando vuelvo a encontrarme con aquellos que no me abandonarán nunca. ¿Sabéis una cosa? Acabo de darme cuenta de que si me preguntaran qué secuencia de ficción quiero ver en mis últimos minutos, no acudiría a *El tercer hombre* ni a ningún otro drama, sino a secuencias de estímulo y energía. Las carcajadas que provocan un alud y salvan la vida de Daniel y Peachy en *El hombre que pudo reinar*; el inmenso dúo de cuerda (Boccherini) entre Crowe y Bettany en *Master and Commander*. Y, sobre todo, la escena en que los tres protagonistas de *Jaws*, borrachos, entonan la canción *Spanish Ladies* después de haberse mostrado las cicatrices.

Son historias de hombres, porque esos hombres de cine me gustan y ha crecido con ellos el hombre que hay en mí, el que hizo que me enfrentara con mi madre cuando, teniendo ya catorce años y un empleo, me reprochó que llegara a casa después de las diez de la noche, para escándalo del barrio: «No me pegues. Trabajo como un hombre, y eso a un hombre no se lo harías». Y nunca más me pegó.

Pero si queréis que os diga con qué imágenes de chica me gustaría terminar, ponedme el paseo de Elsa Martinelli, seguida por tres pequeños elefantes, al ritmo de la música de Henry Mancini.

Como veis, son fragmentos de cine completamente amigos, que señalan la puerta de salida, como la han señalado antes las amistades que partieron hacia el país en donde no hay cobertura (ni cine, sospecho).

Amistades que nunca desfallecieron y que solo desaparecerán de mí cuando me vaya yo, como el recuerdo de los compañeros y las compañeras de viaje con quienes me he rozado en distintos tramos del camino.

Yo siempre correré, mientras me quede aliento, junto a la Anna Magnani que se precipita hacia el camión en el que los nazis se llevan a su marido obrero antifascista, en *Roma, città aperta*, y me inspiran mucha pena personas cercanas a mí que crecieron sin el gran cine italiano de posguerra y sin sus sencillas comedias de pobres pero bellos. Las calles de una Italia miserable pero rescatada de Mussolini y los suyos (aunque ya hemos visto en los últimos años que solo se extinguieron en la primera versión; ahora se amelonan con melena rubia), la entrada en el desarrollismo, la pérdida de valores propia de la escalada personal. En fin, la vida.

Descubrir el poder liberador del mar, pese a conocerlo y a haber nacido cerca, de la mano de Antoine Doinel en *Les quatrecents coups* fue una experiencia seminal que me llevó, con el tiempo, a Chabrol y a Sautet, a *Cesar et Rosalie* y a *Un coeur en hivern*. Pero desde que el inglés se impuso para las nuevas generaciones, que por suerte lo hablan bien y no como yo, la cultura de idiomas menos dominantes no ha calado en ellas. Y el efecto no puede ser sino reductor. Perder la cultura francesa (no la pedantería francesa acerca de su cultura: esa siempre sobra) es como para vestirse de luto.

Me queda la Pili Aymerich:

—Mira qué verso escribió Rimbaud: «Par delicatesse j'ai perdu ma vie».

—Lo cantaba Léo Ferré —le recuerdo.

—Suerte que tenemos memoria.

—Sí, es lo mejor del mundo.

—Y mira qué escribió Neruda sobre los gatos: «Sus ojos amarillos / dejaron una sola ranura / para echar las monedas de la noche».

Pilar es de mi quinta y, aunque hemos tenido educaciones diferentes, y ella es de gatos y yo soy de perros, hemos mamado la misma cultura. Llegadas a esta edad, nuestro fondo de armario de amigos culturales ofrece mucha hondura.

—Qué tontas fuimos prefiriendo a los Rolling porque eran más rompedores —dice—. Los verdaderos genios son los Beatles.

—Estoy de acuerdo. Sentíamos demasiada simpatía por el diablo. Y un escritor especializado en biografías extraordinarias que conozco, Felipe Cabrerizo, me dijo que la casa de Mick Jagger estaba decorada como la de una *tieta* inglesa, con pañitos de ganchillo en los sillones forrados de cretona y todo eso.

Me estoy desviando, pero en realidad no. Todo en este libro conduce a un único punto: cómo llegar al final. Entre otras cosas, en qué compañía. No puedes escoger quién va a largarse al otro barrio antes que tú, de entre la gente que te rodea, pero sí sabes que, mientras te quede memoria y un dedito para apretar el botón del mando a distancia, tendrás en tu sala a profesionales de la narración que nunca supieron de tu existencia, ni del bien que te hicieron. Benditos sean.

Por eso pienso que envejecer tiene que daros más opciones de fraternidad que la oferta narrativa en imágenes actual, cada vez más ofensivamente inane, de quienes dirigen la cosa *plataformística* con más gilipollas al frente de lo que desearíamos, empeñados en universalizar la mediocridad; cosa nada difícil, por cierto. Tenéis que aprender a elegir a quiénes metéis en el casco, las gafas o lo que coño sea que os sirva de soporte para las fantasías en el futuro.

En mi plan de envejecimiento con ficciones entran la Angela Bassett de *Días extraños,* el Willem Dafoe de *Streets of Fire,* el trío Daniels-Griffith-Liotta de *Something Wild* y el Sean Bean de *Lunes tormentoso. Lobezno* también me hace tilín. Por las diosas, cuando pienso que esto último es para mí como lo más moderno, no sé qué impresión os llevaréis de mí los más jóvenes.

Lo cierto es que me lavo los dientes, como todo el mundo, supongo, tres veces al día. Y que a mi edad ya considero, sopeso y disfruto el tiempo que pasa entre

cada una de esas ocasiones. Te miras al espejo por la noche, mientras manejas el cepillo eléctrico, y te acuerdas
lo mismo de las amigas y los amigos con quienes has
hablado (o te habría gustado hablar) durante la jornada
que de la gente de ficción que te ha ayudado a terminar
el día.

Y mañana, más.

7
ODIAR ES MALO, PERO TEMER ES PEOR

Soy consciente de que este capítulo sobre la capacidad de odiar y de temer no lo habría escrito antes, en mis días mozos, ni siquiera en mis rachas semimaduras. Solo los muchos años vividos permiten mirar hacia atrás, calibrar, poner las cosas en su sitio.

El odio. Hay varios tipos. Odios interterritoriales (guerras sin fin lo atestiguan), odios familiares que se prolongan como un gen del mal a lo largo del tiempo (cubrí el juicio del crimen de Puerto Urraco, sé de qué hablo), odios que siembran, odios que suscitan odios y que dependen de los caprichos de la historia, de los accidentes de la geografía y de la envidia y la codicia insertas en el ser humano desde Caín y Abel, Rómulo y Remo (por escoger parábolas fratricidas) y un largo etcétera de mitos fundadores igualmente animosos.

Y está el odio que crece dentro. Odios que nacen en ti porque te arrebatan algo que crees tuyo, o que es tuyo. Por un desamor, por la traición de una amistad, por un desaire que crees inmerecido. Por paranoias propias, que también. Hace daño, el odio. Hay que purgarlo. Hay que cagar ese odio hasta que puedas tirar de la cadena y purificar la taza con abundante lejía tantas veces como sea necesario. Hacerse una preparación de colonoscopia del odio, quedarse ligera, vacía. Esos odios puntuales los he sufrido, y digo bien, sufrido, porque el odio es un puñal sin mango, de dos puntas, que hiere por donde lo tomes. Va muy unido a la humillación. Porque el ser odiado te pisoteó, crees. O dejaste que lo hiciera, y eso todavía humilla más.

Con el tiempo, esta clase de odio, tan humano, tan de todos, tan pequeño, si sabemos desprendernos de él lo antes posible desaparece por completo y no deja más sensación que la de que se ha abierto el día, se ha ido el nublado que te impedía gozar de los hallazgos buenos. Quizá lo mejor de estos microodios (que no van acompañados por la obsesión de perseguir al ser odiado, ni de más deseo de venganza que el acto de desprenderse de las fotos y de los regalos que te hizo; aunque nunca he renunciado a unos bonitos pendientes, frívola que es una) es que dan paso a una suave y curativa tristeza. Tristeza que no te permite disfrutar de según qué músicas, porque duelen, que no te deja pasar por según qué calle, por la misma razón. Tristeza que también te abandona, también acaba discurriendo por el desagüe de tu vida, camino de las aguas fecales subterráneas segregadas por la comunidad humana a la que perteneces.

Escatológica te has puesto, hermana.

Total, para acabar con una verdad de Perogrullo. No hay peor venganza que la indiferencia. Sentida de verdad, brotada como una planta de tu interior. Oxígeno para ti, gas mostaza para quien sea.

El miedo físico sí es un sentimiento (sé que redundo) pavoroso. Temí a mi padre más de lo que lo odié por las palizas de que era testigo en casa, y esos estallidos de macho a hostias, junto con las frecuentes peleas que brotaban en la calle, entre vecinos que, esos sí, verdaderamente se odiaban; las agarradas de pelo entre enemigas de rellano, la forma en que un tipo con un palo perseguía a un perro en la calle, y yo lo veía desde el balcón; el grupo de trabajadores con buzo gris de un almacén que disfrutaban prendiendo fuego a las ratas del patio, y yo lo veía desde la galería. Eso sí me marcó.

Recuerdo una ocasión, en Ceret, al sur de Francia, comiendo con mi novio de entonces en un modesto restaurante, entre dos sesiones de aquellos fines de semana con cine bueno y prohibido en España; recuerdo que llegaron hasta nosotros los alaridos de un niño a quien un adulto golpeaba con saña. Recuerdo que empecé a temblar y a llorar sobre mi cuarto de pollo con *frites* con un desconsuelo que sin duda vino a visitarme desde mis siete años, que es la edad a la que dice el psicoanálisis que se te queda todo grabado para siempre. Ni mi novio ni el resto de los comensales comprendieron de dónde llegaba aquella reacción, por qué me afectaba tanto algo que no me concernía. Así eran las cosas entonces: los padres podían sacarse el cinturón para dejarlo caer sobre criaturas que consideraban suyas en el peor sentido de la palabra, el de propiedad privada. Y las madres podían desahogarse del mal que recibían golpeando a su prole con el revés de la mano.

Os preguntaréis por qué, si tal es el miedo que me produce la violencia física, he puesto tanto empeño en recorrer por mi trabajo zonas de peligro, incluso en vivir en lugares donde la tranquilidad no era precisamente un asunto cotidiano.

También yo me lo pregunto.

Intentaré responder aquí.

¿Por desafío? Sería acaso para probarme a mí misma que lo he superado o que, el menos, podía hacerlo durante temporadas, sabiendo que tarde o temprano regresaría (o no) al lugar donde me sentía segura. Durante esas jornadas de trabajo al filo del nunca se sabe me henchía de algo más parecido a la satisfacción que al orgullo, sabía que estaba haciendo algo para lo que valía y que merecía la pena poder contarlo. Ser periodista, en aquellos días, era superior para mí a ser cualquier otra cosa. La forma en que me centraba, el ardor con que salía zumbando en cuanto ocurría algo reseñable, los ojos y la mente constantemente alerta, ya fuera escondida detrás de sacos terreros o bailando *rock'n'roll* en una discoteca, más o menos a salvo.

¿Por arrogancia? Para poder decir: «Mira, padre, las palizas que le propinaste a ella me hicieron más fuerte. Me hicieron periodista en peligro, quién te lo iba a decir». Pero pasabas los sustos grandes abrazada a cualquier desconocida a quien tenías cerca, que sufría más que tú y tenía más que perder. Y después del peligro seguías, con la adrenalina a tope, yendo sola de un lugar a otro, mejor trabajar sola y agruparte con los nativos, mejor no tener por compañía a quienes meten la pata, a los que se comportan como turistas, como intrusos, como colonos de la variedad condescendiente. Las reporteras de guerra de entonces (yo era de la especialidad ocasional: cuando conseguía que me mandaran) éramos pocas, pero siempre hemos estado ahí. Y sabíamos que nuestra mejor protección era mezclarnos con los que estaban abajo, recibiendo candela. Ahora las veo en las guerras que nos corroen. Jóvenes, valientes, preparadas, con sus cascos y sus chalecos, desafiantes. Quién te lo habría dicho, padre. Ahora te devolverían los golpes, o quizá te golpearían primero, mis hermanas pequeñas. Qué poquita cosa eras.

¿Lo hice por compartir? Mi miedo se diluye en el vuestro y, si vivo para contarlo, al menos habré hecho algo con él. Por otra parte, el miedo, más bien el terror, solo se materializaba en forma de temblor cuando me hallaba lejos, en mi casa de Madrid, en la redacción o en un cine. De repente no podía soportar la visión de militares en una pantalla, la simpleza del género, los relatos de heroísmo impostado. Temblaba entonces por el miedo pasado, como temblé aquel día en Ceret, tantos años después de que hubiera muerto mi padre, gran maestro, a pesar suyo, que me enseñó a vencer el terror a fuerza de temerlo. Gran maestra, mi madre, que me guio, sin saberlo, por la senda contraria a la suya. Por la de la insumisión.

Puede que por todas estas razones me hice memorablemente pesada pidiendo conflictos específicos a los que acudir, acechando los calendarios de vacaciones en la zona para sustituirlos, escarbando en los temas que no les interesaban.

A mí la causa palestina me atrajo desde la matanza de Sabra y Chatila, en el 82, de la que me enteré por las noticias. Y, en cuanto pude, cubrí sus desplazamientos forzosos y sus asedios a los campos, temas que por entonces no importaban en las redacciones. Todos estos años. Todos estos odios.

Pensándolo bien, prefiero lidiar con mis miedos. Son solo míos.

El último sobresalto lo sufrí un viernes por la noche. Mi tramo de calle se llenó de luces azules giratorias. Daba vértigo. Carajo, qué habrá pasado. Salí y vi descender de dos furgonetas a unos cuantos GEOS con casco y todos los avíos. Estaba a punto de llamar a Chris, el conserje, cuando los mencionados caballeros volvieron a sus vehículos. Con todos los avíos más una hogaza de pan, que cada superhombre sujetaba en sus brazos con mimo.

Todo es comedia. Y también odio y miedo.

6
LLEGAR HASTA VER ESTO

Quienes hemos tenido que formarnos por la desbocada vía autodidacta gozamos de una serie de carencias y de otra ristra de privilegios. Y digo bien: gozamos, en ambos casos. Por ejemplo, siempre he sentido que carezco del rigor del pensamiento metódico a que me habrían obligado unos buenos colegios, unos buenos estudios. Además, me cuesta comprender conceptos básicos (en música, en las artes) porque precisamente carezco de base. Como consecuencia, el talento heterodoxo que una pueda tener sea para bordar calzoncillos o para definir algo con una frase corta no se ha visto embridado por exigencias académicas.

Una va más perdida, pero también más suelta. Una puede, como yo misma, hacer uso (y he aquí los privilegios) de una facilidad casi suicida para mojar su tostada en prácticamente todos los caldos que se ponen a su alcance. En lo que a mí respecta, tuve, además, la suerte de empezar en el buen periodismo (en *Fotogramas*) cuando irrumpió en nuestras vidas, en los años sesenta, la revalorización de la cultura popular que emanó de intelectos tan solventes (los mayores lo recordarán) como Manuel Vázquez Montalbán, Terenci Moix o Ángel Casas, que no le hacían ascos ni a la copla ni a las estampitas de san Sebastián martirizado. Así que no me duelen prendas en admitir la versatilidad de mis fuentes, como comprobaréis si seguís leyendo.

Y ahora procedo a contaros por qué os he soltado esta filípica.

Escribo todavía bajo la impresión que me produjo el resultado de las elecciones europeas el pasado domingo 9 de junio de 2024, fecha nefasta en la reciente historia. Intento enfriar mi mente y amansar mis erizadas sensaciones: lo viste venir; no digas que no lo viste venir.

Además de las múltiples razones esgrimidas por los no menos abundantes análisis de los especialistas, mi mente no adiestrada en el razonamiento riguroso me conduce, bendita memoria, a la caída del Muro, a Berlín, al Checkpoint Charlie, a los toques de queda, a mi trabajo cuando formaba parte del equipo de *El País*, que me había enviado a pie de hechos para arropar al corresponsal Josep Maria Martí Font (otro buen periodista fallecido recientemente). Recuerdo muy bien el desasosiego que me produjeron dos acontecimientos que entonces no supe relacionar, pero que ahora me parecen dignos de dedicarles al menos un pensamiento.

Por un lado, los cánticos de los alemanes del oeste y del este, abrazados, por fin reunidos y que, siendo emocionantes, para quien no conocía el idioma, pero sí los antecedentes, ponían los pelos de punta. En segundo lugar, mi visita a la tumba de Bertolt Brecht, en el este, que había sido profanada desde los primeros días, con un «cerdo judío» y una esvástica.

En las semanas que siguieron continué reporteando por el este como pude y descubrí que, como la desnazificación solo se había llevado a término en la Alemania Occidental, en la Oriental el nazismo seguía tan pimpante. Había estado hibernando bajo la dictadura soviética, esperando al príncipe occidental que lo besara en la boca y le permitiera salir a la calle con toda su violencia y su veneno. Pronto se los vio persiguiendo a los estudiantes cubanos, a los angoleños, expulsándolos a cadenazo limpio. Nazismo ideológico más punkismo estético. Aquello iba a quedarse y evolucionar.

El resto es historia, de Juan Pablo II a Donald Trump.

Y los nazis de ahora, como ocurrió en su momento cuando Hitler fue abriéndose camino hacia el poder absoluto, son vistos como lo más moderno, la salvación, el retorno al paraíso de las Walkirias. Los regímenes llamados «fuertes» triunfan en todo el mundo, seguridad antes que libertad, mano dura antes que inteligencia. En fin. La Europa que conocimos, incluidos nosotros, va pareciéndose a la España que por desgracia también conocimos.

Llegamos a lo de mis fuentes eclécticas.

Sumida en el desconsuelo busco las palabras de Varlam Shalámov, uno de los escritores del Gulag, tal vez el mejor, que pasó la mayor parte de su vida en los mataderos siberianos del estalinismo. Su *Relatos de Kolimá* es una obra impresionante, tan demoledora que solo puedo leerla a ratos y entre una peli de los *Minions* y otra de los *Muppets*. Acerca del descenso a los infiernos, el verdadero, el profundo, escribe: «Quien crea que puede comportarse de manera diferente nunca ha tocado el auténtico fondo de la vida; nunca ha tenido que exhalar su postrer aliento *en un mundo sin héroes*».

Esto cuando me pregunto de qué seríamos o seremos capaces si se nos pone verdaderamente a prueba. «Ya no pienso en mis hijos —me confesó un somalí refugiado en un campo etíope fronterizo, en Dire Dawa—. Solo pienso en comer».

(Esa sombra de infarto que sabes que no lo es, pero que te obliga a respirar hondo y tumbarte. Wil, el hombre de mi gimnasia, presenció uno de estos miniataques que me dan, precisamente cuando estaba contándole algo bastante duro de mis experiencias como reportera. «Cuando algo te perturba, el cerebro activa un dispositivo de dolor físico», me dijo, y me recordó al papa bueno de *El Padrino III*, cuando Pacino se desmaya y le alivia el ataque con dulces).

De nuevo aquí, superando el recuerdo de aquel hombre que, habiendo pertenecido a una profesión liberal (ahora no recuerdo si periodista o abogado; lo reseñé en algún libro), se confesó capaz de matar a sus iguales por un mendrugo.

La pregunta es: ¿qué haríamos?, ¿de qué podemos alardear si no somos puestos a prueba hasta ese punto?

Sabemos de cambios de camisa, de trueques de chaqueta, de deslizamientos de periodistas, de delaciones a cambio de chalés con piscina. Del verdadero horror, del hundimiento, no hemos sabido nada, por fortuna, durante décadas, en esta parte del mundo nuestro, hoy también convulsa.

Joder, me vuelve el diafragmazo. He de terminar este capítulo lo antes posible. No puedo dejar de reproducir esto otro de Shalámov: «Hay ocasiones en las que un hombre ha de apresurarse a morir si no quiere perder la voluntad de hacerlo».

Y paro, que me da el infarto.

Termino con la nota pop, no diría yo que esperanzada, pero al menos comprometida con la acción. La saco, ecléctica que es una, de un episodio de *Blue Lights,* una serie de polis de Belfast que me chifla. La policía idealista, desesperada por lo que ve todos los días en las calles, le pregunta a su compañero, aparentemente rutinario pero muy filosófico en el fondo, cómo se las arregla para resistirlo. El otro viene a decirle: «Ahí fuera hay un mar de mierda. Yo cojo un cubo todas las mañanas, lo lleno con todo lo que puedo de mierda, lo retiro y luego me voy a casa».

Y así vamos. Cubo a cubo.

5
DEPENDE, LO MEJOR DEL CASTELLANO (DEPENDE)

Iba a titular este capítulo «Parientes y trastos viejos». Iba a lanzar un alegato en favor de la familia elegida y en contra de la familia impuesta, pero la persona formal y recogida en que me he convertido mientras escribo, la persona respetuosa con el Tiempo y el Cambio ha recibido una súbita revelación.

Depende.

Para mí, la más afortunada palabra de la lengua castellana, porque es una puerta lingüística que abre camino a la reflexión. Sirve lo mismo para cuestiones banales (una cita para el miércoles, un corte de pelo, un qué te pondrás para ir al teatro) que para Grandes Preguntas de la Vida. Por ejemplo, una de aquellas con las que inicié este libro: «¿Quiere morir en casa o en el hospital?». «Depende».

Te hace pensar, ponerte en orden, colocar los platillos de la balanza con sus respectivos y variados contenidos y comprobar qué pesa más. Si lo sesudo y respetable o lo ligero y entretenido. Te obliga a tomar de aquí y tomar de allá, intercambiar las mercancías sentimentales acumuladas. Nivelar y decidir.

¿Quiere que su familia la acompañe en sus postreros momentos? No, porque son elementos muy lejanos, sin anclaje ni derecho a roce ni herencia. Sin nada en común conmigo, tanto por parte de madre como de padre. Sin embargo, puedo comprender a quienes recibieron el don de una familia acogedora, acompañante y fuente de alivios tanto como de estímulos, y que se sienten fortalecidos por ello hasta el tramo final. Por tanto, en esto y para los demás, diré: «Depende».

En cuanto a la familia elegida por mí, soy lo bastante mayor para saber ya en qué he errado en la selección, qué uniones permanecerán pese a todos los vaivenes, en quiénes puedo delegar para que cumplan mis últimas voluntades, y quiénes me comprenden tan bien como para aceptar e incluso intentar cumplir con mis excentricidades. Lo último que se me ocurrió fue que se repartieran mis cenizas en paquetitos y que una brigada de familiares elegidos se dispersara por las tiendas chinas de Madrid y los depositaran en jarrones de la sección decorativa, entre budas gigantescos y gatos de brazo móvil.

Recuerdo mis primeros recelos respecto a los amigos convertidos en familia. Surgieron a raíz de una cena que ofrecí (hace ya muchos años: en Barcelona, en mi piso de propiedad) a quienes entonces consideraba mis escogidos. Bueno: se pelearon entre sí como si fueran la verdadera parentela. De ahí saqué un *depende* como una casa.

Y tengo muy en cuenta ese depende ahora, porque la semana que viene pretendo reunirme con un notario de Madrid para rehacer mis últimas voluntades, la firma de quien administre mis ahorros si me quedo *p'allá*, en fin. Es curioso, lo de los testamentos. Pasa como con todo en la vida. Lo que pensabas antes no lo piensas hoy; donde estuviste empadronada, no lo estás hoy. Los amigos que antes vivían cerca en esa otra ciudad han sido sustituidos (nunca como amigos, pero sí como portadores de primeros auxilios) por aquellos de cuya proximidad te alimentas en el presente.

Lo cierto es que hoy (y muy posiblemente hasta el final de la escalera) me rodean como siempre afinidades electivas de calado profundo, sin cuya existencia mis días serían solitarios, desdichados y antisociales. Mi comunidad de amigas y amigos se halla dispersa por diferentes puntos de la geografía. Eso hace que llegar adonde ya no me espera un rellano que frene mi caída tenga un puntito de ruleta rusa que no me produce disgusto, sino curiosidad.

Eso en cuanto a parientes de todo tipo.

Respecto a trastos viejos... depende.

No tengo, solo son antiguos objetos amorosos. La pequeña mesa de la que os hablé en otro capítulo y que cuando hoy escribo presenta más calvas que nunca y por eso la quiero más.

El cuadro de la mujer en la playa, apoyada en un quiosco de helado mientras un hombre se aleja en bicicleta. ¿Te acuerdas, Montse Bernat? Lo compré en tu librería de la calle Buenos Aires, tú ibas en tu silla rodante y yo llevaba muleta porque me habían extraído la primera rótula. Viniste a verme al hospital en varias ocasiones y me traías alicientes escondidos en un bastón. Si hubiera otra vida, ese cuadro lo echaría en falta. Siempre he pensado que quien se aleja en la bicicleta soy yo.

Las pequeñas antigüedades falsas que traje de Oriente Próximo, adquiridas en tiendas de museos. Marlene, cuando las limpia, se las arregla para ponerlas bocabajo, y se ha convertido en una placentera rutina colocarlas bien y observar esos huecos desorbitados de ojos y bocas, la reproducción y el envejecimiento perfectos del material. Me recuerdan ciudades en las que estuve, algunas destruidas o arruinadas por guerras y miserias y miserables varios. El sencillo anillo de plata con una pequeña turquesa que adquirí en el hoy arrasado zoco de Alepo, los pendientes que me guiñaron un ojo desde un escaparate de la hoy herida Palmira, mis joyitas del Museo Nacional de Beirut, en especial un anillo de oro amarillo que se me cayó y se rompió, perdiendo el sello, y del que nunca me separo, es un anillo con mella que luzco con orgullo en el meñique porque recuerdo la alegría que supuso para mí poder entrar en el museo después de que fuera devotamente reconstruido. Estaba acostumbrada a sentarme en un pilón, cuando las guerras grandes, a la puerta de sus ruinas, después de cruzar la avenida que separaba el este del oeste de la ciudad, corriendo y burlando a los francotiradores. Y allí, entre las ruinas, aguardaba a que se me acercara un taxista que me llevara el hotel Alexandre, para trabajar durante un par de días en el lado cristiano y regresar al musulmán, donde estábamos casi todos los periodistas. Ese anillo me sobrevivirá, y quien lo encuentre es posible que piense que así, roto, no sirve para nada y que no vale la pena engarzarle una piedra. Y todo lo que significa para mí se perderá.

Del Museo Textil de El Cairo tengo una reproducción del hipopótamo sagrado de los egipcios, al que, con el tiempo, he proporcionado una familia elegida por mí, dos cachorros que traje del Museo Arqueológico de Madrid, sección tienda de recuerdos, naturalmente. De ese primer hipopótamo y su significado para mí, para nosotros, solo sabíamos Adrián, que ya no está, y yo. De eso y de tantas cosas como hicimos en las accidentadas e incomparables callejuelas cairotas.

Me ha salido el capítulo de los *dependes* tirando a triste, de modo que a continuación vamos a hablar de los bares y cafés de mi vida.

4
MÁS DE BARRA QUE DE MESA

Ser lo que llaman *single* es una gran excusa para ocupar un buen lugar en una barra y dejar una mesa libre para personas acompañadas. Los camareros lo saben agradecer. Desde la barra se observa. A veces es la proa de un navío. A veces, un lugar tranquilo en medio del ruido ambiental, desde donde aporrear las teclas del ordenador.

El primer bar de mi vida estaba en la calle Hospital y en él trabajaba mi padre. Creo que era una sucursal de una cadena muy famosa entonces en Barcelona, que surgía de una marca de café: El Gato Negro. Recuerdo que me encaramaba, de puntillas, porque no llegaba a la barra y que íbamos allí para desayunar el café con leche y el cruasán que Paco el Paisano (mi progenitor) nos daba gratis. En cuanto al primer restaurante, estaba cerca, en la esquina de Hospital con Robadors, y una vez a la semana mi padre nos llevaba a comer pajaritos y cabezas de cordero. De pie, en la barra. Nunca en la vida desde que pude rechazar opciones por mi cuenta soporté ni siquiera la visión de aquellas medias cabezas con su correspondiente ojo, los sesos y una especie de macabra sonrisa. Y los pajaritos solo me gustan vivos y libres.

Pero la querencia por las barras de bar debió de nacer allí. Esos lugares atiborrados de olorosa humanidad que en el Barrio Chino acogían por igual a las putas y a las familias autoconsideradas decentes. Eran como farmacias de guardia. Eran lujos. Eran refugios. En mi Raval había muchos antros para saciar a trabajadores y trabajadoras con esas delicias baratas: bocadillos que, amontonados en los escaparates, con mucho pan y muy poca chicha, convocaban nuestra sed de fastos.

Cuajados de antros de distinto cariz estaban los senderos que conducían desde el espléndido paisaje de las Ramblas (para los pobres era, con la Barceloneta y el Rompeolas, un respiradero: como la Corniche, en Beirut, también para los infortunados) hasta las picardías del Paralelo de la época (ni sombra de lo que había sido en los felices años veinte, ni antes de la guerra, decían los más viejos), con sus *varietés* y su Molino, sus teatros de revista y sus adorables cervecerías con terraza y cine al aire libre en el piso alto; con sus primeras luces de neón y sus leyendas (aquí falleció por ignición la llamada Gilda del Paralelo, vocalista a quien se le incendió el vestido mientras actuaba: anónima antecesora de Ocaña), con su trepidante polución nocturna, tan sórdida como queráis, pero no gentrificada. Viva.

Mi segundo encuentro, ya trabajando, *catorceañera*, fue con las cafeterías de nombres exóticos que ofrecían una especie de antesala al desarrollismo de los sesenta. Amplias, limpias, con mesas en las que te dejaban estar hasta cuando quisieras. Ahí, con una consumición, me quedaba hasta pasadas las diez de la noche, con un libro de Tolstoi o de Dostoievski, rompiendo el techo de cristal de las reglas de mi madre.

Luego vino, ya en el diario *La Prensa*, el pequeñísimo bar con barra que se encontraba encima de la rotativa y debajo de la redacción. Una copa obligada entre jefes y personal mientras celebrábamos la salida de aquel diario del Movimiento maniobrado desde Madrid por el Sindicato único del ministro Solís. Era una exquisitez, para alguien salida de las alcantarillas como yo, la mezcla de olor a vermú con el de la tinta que impregnaba las puntas de mis dedos, después de haber corregido artículos manipulando los tipos de letra, y con el de las patatas fritas que devorábamos mientras rugía la máquina.

A partir de ese momento los bares se encaballan con el periodismo y conmigo. Celebraba a solas los cumpleaños mientras hablaba con el barman de un hotel de una ciudad situada en otro continente, otro hemisferio. Pertenecí, y pertenezco, a una generación de reporteros solitarios, cazadores de historias y bebedores que reponen fuerzas después de la entrega. Unos acabaron alcoholizados, otros no. Es una lotería: ser adicta o ser visitante. Ayer lo hablaba con David Trueba y me contó una cosa muy inteligente que un médico le dijo acerca de una tercera persona. «Si alguien se destruye con una adicción a sabiendas de que va a destruirse, es que padece la peor y más verdadera adicción de todas. La de autodestruirse. Esa no tiene cura».

He visto casos. Este es un oficio muy cabrón y hay que tener los ovarios bien puestos y la cabeza fría para poder disfrutar locamente de aquello que te ofrece. Sin volverte loca. Lo era cuando lo empecé a ejercer: primero, en la lucha por expresarse sin censura y, más adelante, en el esplendor del liberalismo democrático del que empezamos a disfrutar cuando los medios pudieron subsistir con desahogo. Es un oficio noria: subes y bajas. En mis tiempos y en cualquier tiempo, aunque sé que ahora los daños son más graves porque o no hay dinero o no hay criterio, o ninguna de las dos cosas. Y conste que hablo de periodismo y de periodistas, no de mierdas partidistas ni de basura televisada. Conste también que conozco a buenos profesionales en todas partes, y para ellos este oficio es más cabrón, si cabe.

Por suerte, a los jóvenes les gustan los refrescos con burbujas. O eso creo.

También he visto a personas que no beben autodestruirse por su antipatía, su bilis, su mala leche y su rechazo a todo lo que no les gusta. Esa es la forma menos escandalosa, pero igualmente eficaz, de caerse a un pozo.

Un bar en el barrio es tan indispensable como el barrio lo es a tu forma de vivir. Antes habría añadido: un quiosco de prensa. Pero no reconozco los quioscos de ahora, me parece que si me metiera dentro saldría catapultada como el doctor Who hacia los confines del universo y del tiempo. Pensándolo bien, tal vez no estaría tan mal. Quizá volvería a encontrar aquellos fornidos diarios de papel de los domingos, con sus robustos suplementos y las horas por delante que dedicarías a leerlos, en el bar, en casa o donde hiciera falta.

Empecé a usar las mesas de bar en los países árabes, donde las barras gozan de poco prestigio. Mayormente, porque en tierras musulmanas solo sirven alcohol en los hoteles, y una mujer no acompañada (MNA) en una barra podría producir, cualquiera que sea su edad, mala impresión. En El Cairo, los bares del Sheraton, del Semiramis, del primer Hilton y, sobre todo, del Marriott, mi favorito en todos los sentidos, porque tenía muchos espacios en los que escribir, leer, beber, socializar, chismear. Y con ese orientalismo impostado, el cuadro de Eugenia de Montijo llegando para inaugurar el canal de Suez y siendo recibida por el pachá y su corte y el señor Lesseps. Todo con ese decadente tufazo a colonialismo anticuado e inútil ya (ahora se coloniza también a lo bestia, pero con otras maneras), que atrae cono una esmeralda incrustada en una estilográfica, como una perversa incongruencia.

Qué habría sido de mí sin esos anclajes, sin esas conversaciones, entre íntimas y cosmopolitas, sin esos *barmen* que de repente me introducían en una película de Blake Edwards.

Qué sería de mí sin Los Rhinos, el bar de mi calle de ahora, que Ricardo mantiene primorosamente y donde se suceden historias. Ayer mismo, consumiendo un gintónic con Nixon (el cantante: al otro tuve el placer de no conocerlo) y con David Trueba, coincidimos con M., un vecino del barrio que padece una EPOC. Pues el hombre, animoso, estaba contento porque puede salir a pasear al perrillo sin tener que ponerse los bigotes de oxígeno. No se lo permite el médico, pero se sopló jovialmente un par de cervezas que le dieron vidilla. Estamos tranquilos, los del bar, porque sabemos que el perro, cuando sea necesario, se lo quedará otro cliente, guardia civil, cuyo marido no soporta tener armas en casa y está muy contento de que a su cónyuge lo hayan jubilado ya, entregando él la pistola o lo que fuere.

¿Lo veis? Lo que me habría perdido sin los bares.

3
ESTE PÚBLICO AL QUE TANTO DEBO Y TANTO QUIERO

Os he hablado de parientes no aparentes, de amistades muy presentes y de trastos no negociables.

No os he hablado de vosotros. De vosotras.

Los longevos, que estabais ahí cuando me desmelenaba en *Fotogramas* y en *Por Favor* (y antes en *El Papus*), que me recuperasteis en las páginas de *El País,* a lo largo del tiempo y a lo ancho de los diferentes cometidos que desempeñé allí. Que me leísteis en *Cambio16,* tal vez antes en *La Calle,* y en mis ocasionales colaboraciones con la querida *Cartelera Turia.*

Espero que cada uno, cada una de vosotras haya obtenido algo bueno de mí, aunque solo sea una frase o un adjetivo bien puesto.

A mi querido público de siempre y a las nuevas incorporaciones que he ido notando en Twitter (ahora *Eso*), sobre todo desde la entrevista que me hizo mi hermano pequeño Jordi Évole, y a partir de que Àngels Barceló me ayudara y me rescatara para algo que nunca había hecho. A los muchachos con quienes hablo con humildad porque están al otro lado del teléfono, trabajando mucho, en la redacción de la SER o desde donde sea, dándome ánimos porque ha llegado bien la columna de mañana e incluso les gusta.

A los jóvenes periodistas parid@s para la precariedad y que, pese a todo, no renuncian y se buscan la vida.

A los que me acompañáis.

Gracias.

Si la vida tuviera un mando a distancia, os rebobinaría todos los días para fundirme en el calor de vuestro afecto. Espero poder hacerlo en mi cabeza hasta el final. Yo, que soy de los que no se pierden los títulos de crédito en las plataformas (odio también el botón *Saltar la introducción*), le doy al adelante y al atrás en mi interior al pensar en los años transcurridos y en ese tranvía que, según Tennessee Williams, es el corazón humano, y que personalmente considero que es también la vida, transitando por senderos abruptos o empinados, repentinamente luminosos o sumidos en temores y sombras. En mis títulos de crédito, en mi introducción y en mi desarrollo como persona y como periodista, que para mí viene a ser lo mismo, me habéis custodiado.

Sin alguien al otro lado del artículo, del reportaje, sin ese valor que me dabais, ese empujón que recibía suponiendo que os tenía detrás, no me habría puesto en jarras, no me habría levantado después de caer. Y no estaría aquí.

Y ahora, con toda la solemnidad de que soy incapaz, pero con toda el ansia, os prometo: seguiré descarada y deslenguada y posiblemente golfa mientras mi mente aguante y mi gimnasia le permita a mi cuerpo llegar hasta donde pueda.

Me da miedo olvidar y olvidaros.

Anteayer tuve una de esas comidas memorables que siempre produce la magia de mi querido Edu Galán. Víctor y Ana, a punto de celebrar su 52 aniversario de estar juntos. Yo que, modestia lejos, tuve la suerte de conocerlos al poco de que se conocieran ellos. Sus hijos, David (con su mujer, Paloma) y Marina. David Trueba y Fran Nixon, conversadores apasionantes. María Barranco, que siempre mantiene su espíritu, celebrando su cumple dos días después.

¿Se puede pedir más? Sí, se puede. Y lo obtuve. Sirvió la oportunidad para que conociera en persona a Diego San José, a quien tengo como idolazo joven junto con su compadre Borja Cobeaga, a quien amo por sí mismo y por su tío, Juan Carlos Eguillor, aquel genio que nos dejó prematuramente y que mis seguidores más mayores recordaréis por sus páginas en *El País Semanal* y por sus muchos otros vanguardistas trabajos. Diego, hasta hace no mucho, nos arrancaba un lunes energético con su *Mirada* en *Hoy por Hoy*. Acaba de dirigir esa serie que muero por ver, *Celeste*, con Carmen Machi como inspectora de Hacienda obsesionada por una especie de Shakira. Conversamos Diego y yo mucho y, entre otras cosas, apreció mi buena memoria.

Ay, cariño, cómo te lo agradezco. «A tus años y con esa memoria, no creo que te visite *el señor alemán*», vaticinó, llenándome de ánimo. El almuerzo que, como veis, fue muy fructífero y tremendamente amistoso, sirvió para que Diego y Víctor se conocieran también y reconocieran ante todos que, pese a la coincidencia de apellido y a que mucha gente se confunde, no son padre e hijo. Ana se quedó mucho más tranquila.

Memoria, pues, es todo lo que pido. Para vosotros y para mí. Para mí y para vosotras. Y si hay vosotres, pues también. Ya sabéis que soy inclusiva nativa del Barrio Chino.

Memoria para recordarme, para recordaros.

Para no olvidar mis golferías predilectas.

Para no abjurar de la desobediencia vivida y debida.

2
TOCA IR HACIENDO LA MALETA

Acabo de leer en *El País Semanal* la entrevista que Álex Vicente, con su sagacidad habitual, le hace al escritor irlandés Colin Tóibín, cuya obra desconozco (con mis lagunas intelectuales se podría paliar gran parte de la temible sequía que nos acecha), pero cuya frase «Si necesitas un cáncer para saber que la vida es efímera es que sufres de algo peor: estupidez» se me ha quedado grabada en la frente.

Grabarse en la frente lo que debe perdurar o lo que te da en el nervio es una expresión que usaban los antiguos, entre ellos mi madre. Eran gente que tenían la frente en alta consideración. No sé si ahora ocurre lo mismo.

Hace tiempo que veo pocas frentes, salvo las de mis amigos cercanos y de algunos vecinos. En general veo cascos de moto, cascos de bicicleta y cascos de patinete. Estas personas, al contrario del dicho popular, no son ligeros de cascos, sino más bien pesados rumiando. Aunque vengo observando que, como los prototipos de Fórmula 1, los cascos cada año pesan menos, pero ocultan más. Perdonadme: soy de la fórmula de *Grand Prix,* la de John Frankenheimer, me chiflan esos modelos del 66 absolutamente *vintage* y, además, salía Françoise Hardy, que también acaba de pirarse al país que carece de conexión después de haberse batido como una jabata, e inútilmente, con el cursi de Macron por la eutanasia. Tenía mi edad, un año menos.

Hablábamos de frentes. Mi madre me decía que los pobres no podemos robar ni mentir porque nos sale una bombilla en la frente que nos denuncia y nos somete al oprobio ajeno. La buena mujer seguramente trataba de instalar en mí, en el metafórico lenguaje de la época, que solo los ricos pueden robar, estafar, mentir, calumniar y (si ella entonces lo hubiera sabido) esparcir en los medios y en las redes *fake news* y tener en nómina a algunos jueces, a demasiados jueces. Y con la frente muy alta y opaca.

Reverencio las frentes tanto como odio los frentes de batalla y los campos de exterminio que están de actualidad en el último tramo de la escalera de mi vida. Qué fracaso.

Sin embargo, hemos triunfado alisando frentes físicas. Bien porque la usamos poco, bien porque la escondemos bajo el casco, bien porque antes de salir de parranda nos inyectamos una cosa que nos la alisa. Es decir, llegamos a los sitios sin preocupación, y la expresión *fruncir el ceño*, tanto como la de *se te graba en la mente,* ha caído completamente en desuso.

Lo cual evidencia el porqué del aumento de frentes de guerra y campos de exterminio. No se les graba en la frente, no se les frunce el ceño. No se fijan. Pasa la vida y pasa lo que quisimos ser colectivamente: una sociedad mejor que la que encontramos cuando nos nacieron. Pasa la vida y quedan los individuos con sus cascos y con sus inyecciones. Pues muy bien.

En cierto modo, eso es un aliciente para ir preparando la maleta.

Que de eso va esto. Me voy acercando al final de este libro con el caminar lento de una gata cansada y el espíritu libre de una gata que apura todo lo que puede la última de sus siete vidas.

Hacer la maleta, en otros tiempos que por fortuna viví, era como esperar la noche de Reyes. Tuve la suerte de viajar profesionalmente (y de regresar por placeres) a lugares lejanos. Y lo hice en la época en que existían mapas por desplegar y círculos para señalar en boli los lugares de interés (o ya desapareciendo: de ahí el interés); el dólar era un valor universal, pero en muchos países teníamos que cambiarlos a la moneda autóctona, y eso era también un buen motivo para soñar. Lo es aún hoy, cuando me da un arrebato y busco, no siempre con éxito, la vieja cartera en la que guardo billetes todavía de curso legal con dioses y monumentos estampados que no son los míos, pero que durante un luminoso a la par que tenebroso momento lo fueron. Estatuas asirias como las que admiré en el Museo de Alepo, qué suerte tuve, pasearme por sus jardines, deleitarme con las estelas. Y luego, por el camino de siempre, llegar al destartalado hotel Baron, el que conservaba la factura sin pagar de Lawrence de Arabia (lo conté en otro libro), y tomarme una cerveza en un sillón desvencijado de la terraza, oliendo a tuberías sucias.

Los cambistas en las calles («Pssst, pssst»), los chóferes interviniendo, los consejeros aconsejando. Eso también fue parte de una vida que no creí llegar a tener, que tuve, y a la que le queda ya poca candela.

Eso me llevaré en mi maleta, entre otras cosas, si tengo la suerte de conservar el forro al que se pegan los grumos más sobresalientes de lo vivido, los clavos a los que te agarras cuando tienes miedo.

Porque hay miedo también en este equipaje final. Claro que lo hay. Imaginad que hubiera, de verdad, más vida al otro lado. Acojona, ¿verdad?

Alzo la vista del ordenador en esta soleada mañana de domingo. Por mi calle desfila al trote gente vestida de Decathlon o similar. No puede ser la Maratón de Madrid, fue en abril y la atravesé con Edu por la Castellana, abriendo paso yo a bastonazos. Es muchísima gente la que avanza resueltamente Conde Duque abajo (camino de la zona más meada de la ciudad, me relamo), y sigue, y sigue y suma, y sigue.

Me quedo fascinada, con la maleta a medias, intentando que no se me cuelen metáforas fáciles. La vida es una carrera, lo importante es participar, no hay que ponerse metas inalcanzables, el que no se conforma es porque no quiere, no por mucho madrugar llegas más temprano, etcétera.

Y no puedo dejar de mirar. No veo frentes, pero veo muchos calvos o muchos precavidos que se afeitan el cráneo antes de que cuatro pelos solitarios les arrebaten la dignidad. Hay tantos calvos, semicalvos y afeitados que cada vez que pasa uno con tremendo pelazo me sobresalto como si fuera el adelantado de una misión turca. Hay mujeres, ni mucho menos la mitad: siendo generosa, un tercio. Hay cuerpos no normativos, y me alegro.

Le voy cogiendo el punto a la cosa, olvido las metáforas, olvido la maleta. Quiero observar atentamente hasta el final: ese pelotón de perdedores, a cuyo bando siempre perteneceré, dada mi nula afición al ejercicio físico no obligatorio y, en general, a las competiciones.

Se hace un vacío. Ya llegan, me llevo la mano al corazón. Ya llegan. Los míos, las mías.

Efectivamente. Llegan los fascistas (ellos y ellas) en su versión de correr los últimos, bien apelotonados, con banderas de toda índole (incluidas algunas oscuras con signos parecidos a la esvástica), y gritan consignas.

Hacedme un favor.

Permitidme una exclamación de otro tiempo, de lo más incorrecta.

Hijos de la Gran Puta.

Iba a cerrar la maleta para que no entraran, pero por desgracia esto es lo que me toca presenciar en las postrimerías de mi recuento. Desde que empecé este libro demasiada mierda, demasiada sangre, demasiadas pérdidas se han ido acumulando en nuestros felpudos, no solo en el mío.

Demasiadas divisiones, gritos, escupitajos del individualismo gregario.

¿Sabéis qué os digo?

Después de todo, hacer la última maleta no me parece mal. Aunque, como el mundo se retuerce tan deprisa, igual tengo que aguantarme y preparar también un neceser para que esta vida efímera pueda salvar algo decente, algo que llevarme sobre los párpados (como las monedas de los antiguos) para irme en paz entre la estupidez de tantos.

1
CUANTA MÁS GENTE SE MUERE...

Merecéis que complete la frase:

Cuanta más gente se muere (y bien que lo siento)
más ganas de vivir tengo (y no más tiempo).

Se me ocurrió cuando falleció, de forma inesperada, Colita, tres años mayor y toda una vida conociéndonos. Me di cuenta de que era capaz de sentirlo por ella en profundidad y de, a la vez, alegrarme por el hecho de seguir viva.

Sin remordimientos. Sin hipocresía.

Podría haber sido yo.

Aprovecha tu tiempo, Maruja. Creo que cada uno nace con una bala marcada (lo aprendí salvando la vida por chiripa en varias ocasiones mientras otros caían cerca de mí) y que, cuando toca, toca. Un pensamiento que, no obstante, nunca había tenido tan presente como ahora. Quizá porque, por suerte, aún quedan amistades de mi generación (seis o siete años más o menos) que, a mi alrededor, me inspiran con su energía, su forma de seguir trabajando y dando de sí lo que pueden.

Colita murió bien. Entró en quirófano con una peritonitis y se fue a la Desconexión Internáutica sin enterarse y sin sufrir, supongo que con aquella sonrisa suya que no escatimaba.

Han muerto muchos; tantos que podría repetir aquí cien veces y de cara a la pared: «Están todos muertos».

No lo voy a hacer. Estáis todos vivos en mí y eso es uno de los motivos que de verdad me hacen apreciar los momentos, buenos o malos, pero los momentos reales. Cuando hueles el pan, recibes el primer rayo de sol, cuando te retuerces haciendo ejercicio obedeciendo al profesional que te mejora, cuando alguien te dice que ya no es temporada de nísperos y recuerdas que antes los comías en pleno verano, cuando todavía no es San Juan y las peritas típicas de la época están desaparecidas, por pasadas. Cuando sabes y quieres saber los sabores de la realidad mezclados con la textura del recuerdo. Cuando miras y ves. Al empezar este libro se me averió un ojo y escribiéndolo ha ido empeorando el otro. Entre los dos se ayudan y veo. Qué maravilla.

Te alegras de estar viva y esperas que, al diñarla, haya gente querida por ti que se congratule de que la muerte se me haya llevado a mí y no a ellos.

Disfrutad y pensad en mí. No me añadáis virtudes ni me quitéis defectos.

*   *   *

Reaparece Julia, después de una temporada de lío por las dos partes. Ella con sus cosas, esta de aquí con el libro, del que hablamos:

—Ánimo, que ya casi está —me jalea.

—Ay, luego echaré en falta esta tensión.

—Ya te inventarás otra cosa.

—El miércoles veo al notario para cambiar mis voluntades.

—Qué trajín.

—Creo que es por la gimnasia.

*   *   *

Con voluntades empecé este libro, con voluntades voy a terminar. Es cierto que tengo cita con el notario, para complementar las Instrucciones Previas de las que os hablé en el prólogo-felpudo. Se llama Fernando y tiene una voz preciosa, que me recuerda la de otro fallecido, Fernando Delgado, persona cálida donde las haya y cuya agonía también he tenido la suerte de perderme. Lo recordaré guapo y cariñoso, siempre.

Este Fernando notario me ayudará en cosas tan prácticas como:

Uno. Designar la persona o personas que tengan derecho a firma para apoderarse de mis dineros y huir a

Hawái con mulatos, mulatas, mulitos y muletas (lamento el chiste fácil, pero tratándose de un testamento no me voy a poner intensa).

Dos. Alejar a los posibles y prescindibles parientes que surjan para decir aquello: «Con lo que ella era, hum».

Tres. Dejar bien claro quiénes deben cuidar de que se cumpla mi deseo de que no haya funeral, no hable nadie de mí, no se me exponga ni abierta ni cerrada en ataúd. Que me incineren rapidito, sin puesta en escena; que no se dé la noticia del deceso (me encanta esta palabra; casi más que *occiso*) hasta pasados unos días, y que se cierre la cuenta de Twitter (para entonces No Sé Qué) lo antes posible y sin dar explicaciones. Sospecho que se encargarán de ello los mismos que hayan huido con mis caudales a Hawái y que ya estarán de vuelta, convencidos de que como *Ehpaña no hay na*.

Cuatro. Que entierren mis cenizas donde ellos saben. Cerca de un perrito.

Cinco. Que organicen un fiestón con lo que les sobró de Hawái y se pongan ciegos de todo lo mejor a mi salud. Que corra el caviar y trote el champán. Y, si es necesario, que bailen las tortillas de patatas.

Seis y muy importante. Si me da un ictus o lo que sea y me quedo inhabilitada para pensar, que los de Hawái recojan los restos de mi patrimonio y me lleven a un país donde el suicidio asistido sea legal, aunque de pago.

Y fin.

En el caso de que entre que termino el libro (hoy) y mi cita prevista con el notario de aterciopelada voz (el miércoles) me pegue un hostión y quede inutilizada, entonces pido a los médicos, enfermeras y demás personal sanitario que me atienda lo único que una persona mayor puede pedir para cuando se encuentre en ese estado postrero. Pido compasión. Humildemente. Compasión para salir dignamente de (música expectante, como en los subtítulos para sordos de las series):

0
EL FELPUDO

Os dije que no os frotarais las suelas al entrar en este espacio o libro, que todos arrastramos mierdas y que somos también eso. Pequeñas personas condenadas al fracaso de perder, caer, tambalearse, agarrarse de otro y tirar para abajo, morir, desaparecer.

También disfrutamos de momentos de paz o, por lo menos, de observación; y aunque eso no nos ayude en absoluto a dar sentido a lo que nos pasa ni a los porqués que se nos plantean, qué demonios, que nos quiten lo vivido.

Durante este año de escritura, desde que empecé en mi habitación habitual del hotel Fruela de Oviedo (donde pienso terminar la corrección de esto que ya habréis leído: cerrando el círculo), han ocurrido muchas cosas. A mí y al mundo que me rodea, el mundo al que pertenezco y en el que he tenido la suerte, sí, la suerte, de disfrutar de una calidad de vida de la que carecen quienes han nacido en las cunetas sociales o geográficas.

Eso tampoco tiene sentido.

En realidad, que me despida de quienes me hayáis leído aquí tampoco reviste un interés especial.

Hemos vivido juntos durante un rato, y el resto, incluido lo que ocurrirá a cada uno de nosotros cuando paséis al otro lado del felpudo es algo que ahora mismo no debe preocuparnos.

Me quedo sentada con la maleta casi hecha y un neceser en las rodillas, especial para lo bueno que pueda caerme si es que saco la lotería en el número de llegar a presentar este libro. Esos encuentros que acarician la vanidad y crean nuevos recuerdos.

Salid sin hacer ruido, por favor, que igual me estoy echando una siesta breve, una cabezadita propia de mi edad.

No escribo la palabra fin. Ni siquiera insisto en un final abierto, que es lo que correspondería.

Considerad, como yo, que el felpudo puede convertirse en una alfombra voladora.

booket